BUCH
SCHMIEDE

Beate Biffl

DER GOLDENE EINSCHNITT

Nach der Krise wartet das beste Leben – auch auf Dich.

Roman

Alle Bezüge zu realen Ereignissen und Personen sind rein zufällig.

Haftungsausschluss:
Dieses Buch wurde mit größter Sorgfalt erstellt. Alle Aussagen oder Darstellungen sind lediglich die Meinung der Autorin und stellen keine Zusicherungen, Versprechen, Gewährleistungen oder Garantien in Bezug auf körperliche und geistige Gesundheit dar.

Illustration und Umschlaggestaltung: Richard Neubauer
Lektorat: Ulrike Buergel-Goodwin
Foto der Autorin: Tanja Hofer

Druck und Vertrieb im Auftrag der Autorin: Buchschmiede von Dataform Media GmbH, Wien
www.buchschmiede.at – Folge deinem Buchgefühl!

ISBN 978-3-99139-554-6 (Paperback)
ISBN 978-3-99139-553-9 (E-Book)

PRINTED IN AUSTRIA

Gewidmet meinen drei HELDEN
Oskar – Arthur – Leopold

Worum es geht

Cordula führt nach außen das perfekte Leben. Ben und sie führen eine gute Ehe, sie hat einen erfüllenden Beruf, glückliche Kinder, ein wertschätzendes Umfeld und ab und zu aufregende Erlebnisse. Doch als sie mit ihrem dritten Kind schwanger wird, wird der Druck zu groß, um die vollkommene Fassade aufrechtzuerhalten. Diese beginnt zu bröckeln mit mentalen Verstimmungen, körperlichen Beschwerden, Risse in der Ehe und mit dem Tod einer Freundin. Bedeutet der Verlust ihrer Freundin vielleicht aber nicht das Ende, sondern ist er ein Anstoß für eine Reise zu sich selbst? Zu ihren Träumen, Werten und Bedürfnissen. Hält die Ehe dem ganzen Prozess stand oder flüchtet Ben in die Arme einer anderen Frau? Das ist die Geschichte von Cordula, die versucht, die Scherben ihres alten Lebens aufzulesen, um daraus ein neues Leben zu erschaffen – ein Leben, das eventuell erfüllter sein kann als das alte, das sie verloren hat. Eine Frau, die mit aller Kraft versucht, durch „Rückschläge zu wachsen und stärker zu werden, um mehr Liebe und Wertschätzung für sich selbst, für andere und das Leben zu entwickeln.“[1]

Das Buch ist als Heldenreise geschrieben.
Inspiriert durch die Heldenreise von Joseph Campbell.

Vorwort

Beate hat hier in diesem Buch etwas erreicht, was sehr vielen Menschen helfen wird ihr Leben neu zu überdenken. Wir lernen so viel Fachwissen, aber nur sehr wenig über Beziehungen, Kindererziehung und Menschlichkeit. Beate beschreibt in einer erfrischenden Sprache die Hilflosigkeit in der Beziehung sowohl der Frau als auch des Mannes. Sie bewertet nicht und lässt dem Leser und der Leserin vieles offen. Sie zeigt wie in Schwierigkeiten, persönliche Entscheidungen Türen in ganz neue Bereiche öffnen können und viele Chancen plötzlich wahrgenommen werden. Ganz versteckt und sehr weise zeigt sie immer wieder Tools, die sie gelernt hat, ohne mit Ratschlägen eingreifen zu müssen. Das ist das ganz besondere in diesem Buch: so selbstverständlich, so viele Denkanstöße und so viel Hoffnung für eine schöne Zukunft. Schwierigkeiten gehören zum Leben, werden immer da sein und sie können wie hier im Buch immer wieder richtungsweisend sein.

Wenn man ganz zu sich findet, kann man die anderen sein lassen wie sie sind. Das ist die Basis für gleichwertige Beziehungen, die es in der Menschheitsgeschichte noch nie gegeben hat. Es geht immer um besser und schlechter, um oben und unten. Beate hat mit diesem Buch eine Hoffnung gesetzt für ein neues Miteinander in Freiheit und Geborgenheit.

Beate, ich wünsch dir, dass ganz viele Menschen dieses Buch lesen, Gundl

Dr. Gundl Kutschera
Soziologin, Gesundheitspsychologin, Klinische Psychologin, Lehrcoach, Lehrsupervisorin, Lehrtrainerin, Universitätslektorin und Grande Dame der Resonanz-Methode

1

DER AUFRUF

Ciao mamma guarda come mi diverto – hey, hey, hey, ah ah ah – ciao mamma guarda come mi diverto. Cordula singt und tanzt mit Begeisterung zu ihrem Lieblingslied von Jovanotti. Die Musikboxen sind lautstark aufgedreht, sie steht im Badezimmer, versucht sich gerade die zweite falsche Wimper aufzukleben, aber das Teil ist geradezu widerspenstig. Ihr rechtes Auge beginnt zu tränen, und sie verschiebt die Wimper auf später. Die beiden Zöpfe hat sie bereits mühsam geflochten, also hat die Wimper noch Zeit. Heute ist sie eine Squaw. Sie trägt ein kurzes Kleid, Fransenbänder am Oberarm, Stiefletten und ein Stirnband mit Federn.

Es ist Faschingsdienstag. Sie ist mit ihren besten Freundinnen bereits zum Mittagessen verabredet, danach wird in der Stadt gefeiert!

Sie ist gut gelaunt, voller Vorfreude. Plötzlich, in der Pause zwischen *Ciao Mamma* und *Diritti e doveri* fällt ihr ein, dass sie schon lange nicht ihre Tage hatte. Zu lange. »Oh, nein!« Sie läuft in ihr Büro, schnappt sich ihren Kalender und sucht hastig nach dem letzten Mal ihrer Menstruation. »Anfang Januar, fast vierzig Tage her. Nein, nein, nein!« Sie wird leicht panisch, wirft schnell ihren Wollmantel über das Fransenkleid und fährt mit nur einer falschen Wimper in die nächste Apotheke, um sich einen Schwangerschaftstest zu kaufen. Sie ist nervös, nicht freudig nervös, sondern ängstlich nervös.

Cordula parkt ein, läuft in die Apotheke, viele verkleidete Menschen sind schon auf den Straßen unterwegs, alle in Feierlaune. Sie kauft einen Schwangerschafts-Frühtest, mit einer Genauigkeit von 99,9 Prozent, das müsste reichen. Sie fährt schnell nach Hause, sperrt die Tür auf und läuft mit dem Test auf die Toilette. Sie pinkelt auf den weißen Streifen, steckt den Test wieder zusammen und wartet. Mindestens zwei Minuten muss sie nun warten. Erscheinen in dem kleinen Fenster zwei Streifen bedeutet das, dass sie schwanger ist, ein Streifen bedeutet nicht schwanger. Sie wagt es nicht hinzusehen. Es sind schon mehr als zwei Minuten vergangen, tausend Gedanken gehen ihr durch den Kopf. Dieser Test könnte ihr ganzes Leben verändern …

Cordula ist siebenunddreißig Jahre alt, verheiratet, Mutter von zwei Töchtern. Olivia ist sechs Jahre alt und Esther vier. Sie ist freiberuflich tätig, sie entwirft Architekturprojekte und visualisiert diese dreidimensional. Obwohl sie gut gebucht ist, kann sie sich ihre Arbeit frei einteilen, sodass die Mädchen nicht zu kurz kommen. Manchmal arbeitet sie von zu Hause aus, mal in diversen Architekturbüros quer durch Österreich. Cordula liebt ihre Arbeit. Sie ist kreativ und mag Abwechslung. Ihre Auftraggeber und ihre Projekte sind sehr unterschiedlich und auch die Arbeitszeiten. Das gefällt Cordula. Sie mag keine Eintönigkeit. Wenn sie mehrere Wochen an einem Entwurf arbeitet, ist sie froh, wieder einige Visualisierungen machen zu dürfen. Die sind in ein paar Tagen fertig, werden dem jeweiligen Architekten geschickt, und danach ist das Projekt für sie auch schon wieder Geschichte.

Entsprechend ist ihr Einkommen auch unterschiedlich. Kein Monat gleicht dem anderen. Aber genau das macht für sie den Reiz aus. Langeweile kennt Cordula nicht. Sie trifft gerne Leute, lernt gerne neue Menschen aus unterschiedlichen Lebensbereichen kennen, und deshalb ist ihr Beruf wie für sie gemacht. Sie ist immer mit Menschen in Kontakt. Oft sind diese Kontakte nur oberflächlich, aber dabei entstehen auch Freundschaften. Cordula ist extrem freiheitsliebend. Sie wollte nie und nimmer eine Fixanstellung haben, sondern freiberuflich sein und selbstbestimmt leben.

Nach der Matura, so wollte es Cordulas Mutter, sollte sie im einzigen Betrieb im Ort als Sekretärin arbeiten. »Da kannst du jeden Tag mit dem Rad in die Arbeit fahren, brauchst nicht mal ein Auto!« Das waren die Worte ihrer Mutter. »So etwas Tolles bekommst du nie wieder!« Eine Horrorvorstellung für Cordula. Das passte überhaupt nicht zu ihr. Auf keinen Fall wollte sie im Heimatdorf arbeiten und immer dieselben Menschen sehen. Deshalb ist sie nach der Matura ausgezogen, um in Wien Architektur zu studieren. Dort genoss sie das Studentenleben in vollen Zügen.

Ihr Mann Ben ist ein angesehener Manager in einem großen burgenländischen Unternehmen, am Weg zu einer vielversprechenden Karriere. Ben arbeitet gerne und sehr viel. Und wenn er nicht arbeitet, denkt er an seine Arbeit.

Cordula lebt mit Ben und ihren Kindern in einem außergewöhnlichen Haus in Cordulas Heimatort! Cordula wollte nie hier leben, Ben war es, der sie dazu überredet hat. Denn das Haus ist auf dem gleichen Grundstück wie Cordulas Elternhaus. Es ist ein typischer burgenländischer Streckhof. Der Traum von Ben. Die Eltern wohnen nach wie vor im Haupthaus, und Cordula hat mit Hilfe von einem jungen innovativen Architektenteam den ehemaligen Schweinestall, den Kuhstall und diverse Nebengebäude entsprechend adaptiert und in ein schickes Wohnhaus für die vierköpfige Familie umgebaut. Der Altbestand blieb, soweit wie möglich, erhalten, und es kamen neue Elemente dazu. Die Küche und der Wohnbereich wurden aus Holzfertigelementen in Kombination mit großen Glasflächen neu gebaut und grenzen an die alte Bausubstanz.

Besonders beglückt an dem Grundstück, dass der Garten uneinsehbar ist, da gleich nebenan und zwar ohne Bauwich das Haus des Nachbarn steht. Das Schlechte an dem Grundstück ist, dass sie sich die Hauseinfahrt und den Hof mit den Eltern teilen müssen. Die Eingangstür ihrer Eltern ist nur ein Steinwurf von ihrer Eingangstür entfernt. Ihre Mutter bekommt immer mit, wer und wann Cordula besuchen kommt.

Irgendwie störte Cordula die Nähe mehr, als sie der Familie nützte.

Cordula kann zwar auch Hintaus einfahren, so nennt man in ländlichen Gegenden des östlichen Österreichs die Straße der Scheunen. Die ehemalige Scheune, dort wo früher Stroh gelagert wurde, hat Cordula zu ihrem Büro und Atelier umgebaut. Deshalb ist die Hintaus-Einfahrt für Kunden und Geschäftspartner gedacht. Der Stadl ist ein absolutes Prachtstück und der ganze Stolz von Cordula. Hier kann sie in Ruhe arbeiten, durch die Giebelwand, die aus Glas ist, kann sie bei schönem Wetter bis zum Schneeberg – dem höchsten Berg in Niederösterreich – sehen.

Cordula ist optisch eine adrette Frau, sie ist nicht groß, aber auch nicht klein, sie ist nicht dick, aber auch nicht dünn. Sie versucht, sich körperlich fit zu halten, liebt Sport. Sie ist keine Sportskanone, aber sie ist für jede Sportart zu begeistern. Von CrossFit bis Tennis kann sie alles, keineswegs perfekt, aber vieles ganz gut. Sport fasziniert Cordula. Sobald sie sich in Bewegung setzt, kommt der Geist zur Ruhe. Obwohl sie sich auspowert, ist sie danach noch energiegeladener. Irgendwie eigenartig. Als berufstätige, zweifache Mutter sehnt sich Cordula nach diesen sportlichen Auszeiten. Diese Stunden sind ihr heilig. Sie sind ihre Kraftquelle.

Cordula ist durch und durch ein Genussmensch. Sie liebt gutes Essen, kocht gerne und auch gut, hat Freude an Gesellschaft, mag Architektur, Kunst und Musik, interessiert sich für Umweltschutz und hat den Blick für das Schöne. Wahrscheinlich macht sie so viel Sport, damit sie ohne schlechtes Gewissen viel essen kann. Cordula lädt gerne Leute zum Abendessen ein, denn Kochen hat für sie etwas Beruhigendes. Nach einem stressigen Arbeitstag kocht sie am liebsten für ihre Familie. Sie probiert ständig Neues aus. Mal kocht sie israelisch, dann wieder italienisch oder asiatisch, sie liebt auch vegetarische und vegane Gerichte und manchmal auch Hausmannkost, neu interpretiert natürlich. Nur stört sie am Kochen, dass sie einkaufen muss. Sie mag einkaufen nur in kleinen Läden. Das mag sie. Einkaufen ohne Musik. Wo man noch tratschen und stöbern kann. Das gefällt ihr. Deshalb besorgt sie ihre Lebensmittel meistens nicht in großen Supermärkten.

Cordula reiste immer sehr gerne. Seit den Kindern kommt sie nicht mehr so oft dazu, aber sie liebte es, fremde Länder zu entdecken. Dort das Leben aufsaugen. Sie wollte nie als Touristin wahrgenommen werden, sondern als Einheimische. Deshalb wohnte sie immer in kleinen Pensionen, nicht in Hotels.

Von außen betrachtet führt Cordula das perfekte Leben. Ben und sie sind ein schönes Paar, die Kinder sind gut erzogen, und sie haben viele Freunde. Doch wenn Cordula ehrlich zu sich ist, fehlt ihr etwas – die Magie. Die Freundschaften sind ihr teilweise zu oberflächlich, denn sie liebt Gespräche, die tiefgründiger sind. Sportlich könnte sie mehr erreichen und die Figur könnte auch besser sein. Die Beziehung zu Ben könnte inniger sein, und beruflich wollte sie immer mehr bewegen. Dafür müsste sie aber mutiger sein. Cordula steht sich oft selbst im Weg. Doch diese Gedanken verdrängt sie und führt weiterhin das perfekte Leben.

Der Ton einer ankommenden Textnachricht reißt Cordula aus ihren Gedanken. Sie sitzt noch immer auf dem Klodeckel und wagt es nicht, auf das kleine Fenster des Schwangerschaftstests zu schauen. Sie hat ihre Augen geschlossen. Langsam öffnet sie das rechte Auge. Unscharf blitzen ihr zwei rosarote Streifen entgegen. »F…!« Sie liest schnell den Beipackzettel, ob zwei Streifen tatsächlich schwanger bedeuten. »Ja, ich bin schwanger«, murmelt sie. Sie legt den Schwangerschaftstest am Fensterbrett ab, steht auf und öffnet langsam die Klotür, tippt eine Textnachricht an die WhatsApp-Gruppe »Faschingsdienstag«: »Kann nicht kommen, mir ist was dazwischen gekommen.« Was Besseres ist ihr in diesem Moment nicht eingefallen.

Cordula stellt das Handy auf Flugmodus, damit sie keine Anrufe oder Nachrichten mehr bekommt. Sie reißt sich die falsche Wimper vom linken Auge, zieht das Fransenkleid aus und legt sich ins Bett. Sie ist geschockt. Langsam laufen ihr Tränen über die Wangen. Ihr Kopf fühlt sich wie in Watte getaucht an, sie kann keinen klaren Gedanken fassen. »Das war so nicht geplant«, stöhnt sie. Schwanger – sie kann es nicht glauben.

Eine Schwangerschaft ist eigentlich ein Grund zur Freude, aber diese stellt sich bei Cordula nicht ein. Ben und sie waren vor kurzem noch mit den Mädchen im Skiurlaub, und da haben sie lange über die Familienplanung gesprochen. Beide waren sich einig, dass diese abgeschlossen sei. Zu viel haben die beiden noch vor. Ben möchte Karriere machen und muss viel Zeit dafür investieren. Cordula irgendwie auch, aber irgendwie auch wieder nicht. Die Karriere ist ihr nicht so wichtig, viel wichtiger ist ihr ihre Unabhängigkeit, vor allem ihre finanzielle Unabhängigkeit.

Sie ist in ärmlichen Verhältnissen aufgewachsen. Vater und Mutter betrieben eine kleine Landwirtschaft und haben immer hart gearbeitet. Zeit und Geld für Urlaub war nie da. Zum ersten Mal war Cordula mit fünfzehn Jahren im Urlaub. Sie durfte mit ihrer damaligen besten Freundin und deren Familie für eine Woche in die Türkei fliegen. Das Geld dafür hat sie sich selbst verdient, in einer Fabrik für Büroutensilien. Von sechs Uhr früh bis nachmittags drei Uhr, fünf Tage die Woche, vier Wochen lang. Und innerhalb einer Woche war das Geld verbraucht. Und dabei hat sich der Urlaub damals gar nicht richtig angefühlt – irgendwie fremd. Auch Cordulas Freunde im Ort sind in bescheidenen Verhältnissen groß geworden. Die Welt im kleinen Dorf war in Ordnung, ohne Urlaub, ohne schicke Kleidung.

Ihre Mutter hat sie mit viel Liebe und Wärme erzogen und hat alles getan, damit sie und ihre drei Brüder eine unbeschwerte Kindheit hatten. Sie sind in einer Freiheit aufgewachsen, von der Kinder heutzutage nur träumen können. Gemeinsam mit ihrem Zwillingsbruder Claus hat sie wahre Abenteuer erlebt. Die beiden sind auf die höchsten Bäume geklettert und waren schon lange, bevor sie noch alt genug für die Schule waren, stundenlang mit den Rädern unterwegs. Sie haben oft beim Bahnhof in alten Eisenbahnwaggons gespielt. Rückblickend grenzt es an ein Wunder, das ihnen nichts passiert ist. Sie fuhren mit den Rollschuhen, ohne zu bremsen den Berg hinab, spielten Fußball – Cordula musste meistens ins Tor –, schwammen in Tümpeln, gingen in den Wald auf Entdeckungsreise. Es fehlte an nichts. Erst in der Pubertät entwickelte sich bei Cordula ein Minderwertigkeitskomplex. Sie schämte sich ihrer einfachen, bäuerlichen Herkunft. Aus dieser Zeit stammt auch ihr Hang zu teurer Kleidung.

Cordula lebt nicht gerne fremdbestimmt. Mit einem weiteren Kind ist sie wieder abhängig von ihrer Mutter, das hasst sie am meisten. Denn wenn sie arbeiten will, muss ihre Mutter auf die Kinder aufpassen. Sie ist zwar eine tolle Oma, verursacht bei Cordula aber immer ein schlechtes Gewissen.

Cordulas Mutter war immer für sie und ihre Geschwister da. Durch die Landwirtschaft musste sie fast nie auswärts arbeiten, sondern war immer in der Nähe ihrer Kinder. Manchmal war ihre Mutter als Seminarbäuerin unterwegs und gab für andere Bäuerinnen aber auch für Konsumenten Koch- und Backkurse. Das war nicht oft, vielleicht zwanzig Tage im Jahr, aber irgendwie wirkte ihre Mutter danach immer zufrieden, erfüllter. Diese Arbeit und vor allem das Rauskommen haben ihr gut getan. Aber anscheinend hat sie das vergessen, denn Cordula hört ihre Mutter immer wieder fragen: »Warum gehst du überhaupt arbeiten, bleib zu Hause und genieße die Zeit mit deinen Kindern.« Ihre Mutter kann nicht verstehen, dass Cordula ihre Arbeit liebt, genauso wie sie ihre Familie liebt. Das eine schließt das andere nicht aus.

Nur Mutter sein, ohne berufliche Herausforderungen, das wäre Cordula viel zu eintönig. Sie ist eine bessere Mutter, wenn sie arbeitet. Sie arbeitet ja nicht sechzig Stunden in der Woche, sondern viel weniger. Es ist ja nicht so, dass ihre Kinder dadurch zu kurz kommen. Wie das allerdings mit drei Kindern wird, möchte sich Cordula gar nicht vorstellen. Sie muss es Ben sagen. Aber wie sagt sie ihm das am besten? Bei Olivia hat sie ihm das erste Ultraschallbild als Geschenk verpackt, überreicht, bei Esther waren es ein Paar kleine Adidas Stan Smith Sneakers, die sie ihm auf sein Kopfkissen gestellt hat. Und nun? Sie kann ihm diese Nachricht nicht freudig überbringen, sie kann es einfach nicht.

Ben wird sich nicht freuen. Er möchte seine beruflichen Ambitionen auf keinen Fall durch ein weiteres Kind einschränken, was bedeutet, dass Cordula das alleine schaffen muss. Und Cordula treibt die Vorstellung auf viele einsame Stunden, schlaflose Nächte, überlaute Kinderveranstaltungen, Sommer im Planschbecken, körperliche Schlappheit, mentale Ausnahmezustände wieder die Tränen in die Augen.

Cordula wird durch die zufallende Eingangstür aus dem Schlaf gerissen. Sie dürfte kurz eingenickt sein. Sie überlegt, ob sie all das nur geträumt hat. Es wird ihr schnell bewusst, dass es nicht so ist. Ben läuft die Stiegen hoch ins Schlafzimmer und wundert sich, dass Cordula zu Hause ist.

»Bist du krank? Wo sind die Mädchen?« fragt er.

»Nein, Ben, ich bin nicht krank. Die Kinder sind bei meiner Mutter, weil ich ja eigentlich den Faschingsausklang feiern wollte«, antwortet Cordula leise.

»In der Stadt ist die Hölle los. Mir war heute nicht nach feiern, ich hatte noch eine nervenaufreibende Besprechung. Ich trink noch in Ruhe ein Glas Bier und leg mich dann hin«, sagt Ben, während er sich seinen Anzug auszieht und ihn ordentlich über einen Stuhl legt.

»Ich würde aber gerne noch mit dir reden, Ben.«

»Muss das sein? Ich bin wirklich müde. Ich hatte heute einen anstrengenden Tag. Ich habe keine Ahnung, warum mir meine Sekretärin derart viele Termine am Faschingsdienstag eingetragen hat.«

»Das weiß ich auch nicht, frag sie doch. Ich muss mit dir reden, Ben, und ja, es muss sein, denke ich.«

Ben geht aus dem Schlafzimmer, geht schnellen Schrittes die Stiegen wieder runter ins Erdgeschoss, dreht den Fernseher auf und geht in die Küche, nimmt sich eine Flasche Bier aus dem Kühlschrank, Cordula geht ihm nach. Er sieht sie unbeteiligt an.

»Ben, ich bin schwanger«, hört sie sich sagen.

Auf ihre Worte folgt ein beunruhigend langes Schweigen.

»Wiiiieeee bitte? Wie lange weißt du das schon?«

Die Luft ist zum Schneiden.

»Seit heute, Ben.«

Er sieht sie mit großen Augen an. Er ringt um Fassung, öffnet mit zitternden Händen die Bierflasche, trinkt einen kräftigen Schluck und schweigt. Cordula wartet eine Weile, nachdem nichts mehr kommt, dreht sie sich um und geht.

Sie legt sich wieder ins Bett. Die Reaktion von Ben hat sie zwar nicht anders erwartet, trotzdem ist sie enttäuscht. Nach einer Weile kommt Ben ins Schlafzimmer.

»Wie konnte das passieren?«, fragt Ben wenig einfühlsam.

Sie antwortet ihm nicht.

»Was machen wir jetzt, wie schaffen wir das?«, fragt er weiter. »Was sollen wir machen? Wir bekommen ein Kind, unser drittes Kind. Und irgendwie werden wir das auch schaffen. Was soll hier nicht zu schaffen sein?«

Cordula ist genervt. Sie stellt sich zwar ähnliche Fragen, aber Bens Leben wird sich bei weitem nicht so ändern wie ihres. Sie hätte sich eine andere Reaktion von Ben gewünscht. Er hätte sich freuen, sie in den Arm nehmen und ihr ins Ohr flüstern können »Drei Kinder sind toll, wir schaffen das gemeinsam!« Das hat er aber nicht. Wahrscheinlich geht er davon aus, dass Cordula alles alleine schafft, ohne große Unterstützung seinerseits. Sie muss immer stark sein. Schwache Frauen hält er nicht aus. Ben geht aus dem Zimmer und trinkt ein weiteres Bier, während Cordula sich einsam in den Schlaf weint.

Auch in den ersten Tagen der Fastenzeit wird Cordula nicht fröhlicher. Sie lässt sich von ihrem Gynäkologen untersuchen, der die Schwangerschaft bestätigt, geht arbeiten und kümmert sich um die Kinder. Sie kann sich mit dem Gedanken noch nicht anfreunden, ein weiteres Kind zu bekommen. Warum nur? Sie wollte immer eine Großfamilie haben, viele Kinder, eine lebendige Familie. Warum wirft sie diese Schwangerschaft so aus der Bahn? Sie kann sich nicht verstehen.

Ben hat die Nachricht einigermaßen verdaut und möchte Cordula auf andere Gedanken bringen. Er lädt sie zu einem Abendessen ein. Moules-frites, Miesmuscheln mit Pommes, sollen Cordula beglücken. Ein herrliches Essen, das Cordula liebt. Muscheln in Weißweinsauce, dazu ofenfrische, dicke Pommes. Das köstliche Essen und die Zweisamkeit mit Ben heitern sie tatsächlich auf. Doch am Nachhauseweg spürt sie ein Unwohlsein im Brustbereich.

»Wahrscheinlich hast du einfach zu viel gegessen«, versucht Ben sie zu beruhigen.

Am Tag darauf ist alles wieder in Ordnung, und Cordula fährt nach Wien in ein prominentes Architekturbüro, um für ein Projekt – ein Holzhochhaus – die Unterlagen für den Wettbewerb zusammenzustellen. Eine schöne Ablenkung. Cordula mag diesen Job, weil sie mit zwei lieben Kollegen, mit denen sie schon längere Zeit an dem Vorhaben geplant hat, nun das Projekt abschließen darf: Michael, ein deutscher Kollege, der ihr auf so nette Weise Honig ums Maul schmiert, und Valentina, eine junge, motivierte, ehrgeizige Architektin, die sie sehr an ihre eigenen beruflichen Anfänge erinnert. Valentina ist jung, liiert mit einem Profifußballer, kinderlos. Sie kann sich mit vollem Elan in die Arbeit stürzen.

So war auch Cordula. Am Anfang ihrer beruflichen Laufbahn war sie voller Tatendrang. Nichts und niemand konnte sie aufhalten. Sie war mit Freude und Enthusiasmus dabei und tüftelte an jedem Bauprojekt, an jeder einzelnen Visualisierung mit viel Herzblut. »Cordula, du bist eine der wenigen Menschen, die es schafft, Emotionen in ein Rendering zu bringen«, hat ihr ein Architekt und guter Auftraggeber einmal gesagt. Sie liebte ihren Job, und am liebsten hätte sie Tag und Nacht gearbeitet. Ihr Job machte ihr nicht nur großen Spaß, sondern brachte ihr während des Studiums eine finanzielle Unabhängigkeit, die sie bis dato nicht kannte. Cordula hatte ihren Traumberuf gefunden.

»Guten Morgen, meine liebe Cordula, ich habe dir schon Kaffee gekocht!«

Tatsächlich riecht es in dem kleinen Besprechungsraum nach frisch gemahlenem Kaffee. Michael, der liebste aller Kollegen, zaubert ihr gleich zu Beginn des Arbeitstages ein Lächeln auf ihr Gesicht. Er ist so süß. Er hat ihr einen Cappuccino mit geschäumter Milch gemacht.

»Cordula, du siehst heute etwas abgeschlagen aus, ich hoffe Ben ist gut zu dir. Wenn nicht, dann muss ich mit ihm ein ernstes Wort sprechen!«

Cordula lächelt leicht gequält: »Alles in Ordnung, Michael. Ich habe nur schlecht geschlafen, aber der Kaffee wird mir guttun.« Cordula genießt die Zeit mit Michael, sie diskutieren angeregt über das Konzept, und sie vergisst zwischenzeitlich sogar ihre Sorgen. Doch nach der Besprechung wird ihr übel, so wie nach dem Abendessen mit Ben. Das entgeht Michael nicht, er steht auf und holt ihr ein großes Glas kaltes Wasser. Er ist so aufmerksam, sie ist gerührt. Sie trinkt das Glas aus und bemerkt, dass ihr Herz zwischenzeitlich aufhört zu schlagen, immer wieder.

»Michael, mir ist ganz komisch. Ich habe das Gefühl, mein Herz schlägt nicht rhythmisch.«

»Cordula, lass mich fühlen.« Michael fühlt ihren Puls am linken Handgelenk. »Ja, stimmt. Dein Herz schlägt sehr schnell, und dazwischen hört es tatsächlich kurz auf zu schlagen. Ist das wegen mir? Mach ich dich etwa nervös?«

»Nein, Michael, es tut mir leid, mir ist im Moment nicht zum Scherzen zumute.«

Michael versucht, sie zu beruhigen, und meint: »So lange

dir das nicht beim Sport passiert, ist das halb so wild. Aber, du solltest mehr trainieren, dein Herz schlägt wirklich viel zu schnell.« Michael weiß wovon er spricht, er ist Extremsportler. »Okay! Ich werde mir das zu Herzen nehmen. Im wahrsten Sinne des Wortes!« Beide lachen.

Irgendwie schafft es Cordula, sich wieder auf die Arbeit zu konzentrieren und diese seltsamen Herzschläge auszublenden. Nachdem sie mit Michael alle Details zur Präsentation besprochen hat, arbeitet sie noch mit Valentina an der 3D-Visualisierung. Sie soll bei der Präsentation die Entwurfsidee unterstützen. Die beiden arbeiten bis spät in die Nacht. Immer wieder fallen ihnen Kleinigkeiten auf, die noch korrigiert werden müssen. Cordula ist Perfektionistin, feilt an jedem noch so winzigen Detail, sogar Bäume werden um ein Pixel hin und her verschoben.

»Cordula, lass es, es ist perfekt. Wir können nichts mehr optimieren, das Projekt ist spitze. Hoffentlich sieht die Jury das auch so. Wir haben unser Bestes gegeben«, sagt Valentina und beginnt die Unterlagen auszudrucken.

»Ich lege die Unterlagen noch ins Chefbüro und schließe dann ab. Cordula, du kannst schon nach Hause fahren!«

Bis zu ihrem Auto muss Cordula etwa zwanzig Minuten zu Fuß gehen, da ihr Auto in einer gebührenfreien Zone steht. Eigentlich liebt Cordula diesen Spaziergang, sie kann den Tag Revue passieren lassen, Sauerstoff tanken, um dann mit frischer Energie zu ihren Kids zu fahren. Doch Cordula schafft es an diesem späten Abend nicht, die Grünbergstraße hochzukommen. Ihr Herz schlägt wie wild, immer wieder Aussetzer, sie hat Panik und Todesangst.

»Bitte, lieber Gott, lass mich hier nicht sterben, nicht mitten in Wien.«

In ihrer Not ruft sie Ben an, obwohl sie weiß, dass dieser mit seinen alten Freunden aus der Schulzeit essen ist, viel zu weit weg, um ihr zu helfen. Doch sie hofft, dass er sie besänftigen kann. Sie weint ins Telefon.

»Ben, mein Herz schlägt nicht richtig, ich habe Angst, dass ich einen Herzinfarkt bekomme. Ich weiß nicht, was los ist. Ich habe auch Atemnot, was soll ich tun?«

Ben ist überfordert mit der Situation und reagiert sehr schroff: »Du willst mir bloß den Abend versauen! Cordula, geh zu deinem Auto und fahr einfach nach Hause!«

Er legt auf. In Cordulas Kopf dreht sich alles.

Sie ruft Valentina an und bittet sie um Hilfe. Valentina, eine soziale Frohnatur, eilt Cordula sofort mit einer Wasserflasche entgegen. Beide sitzen einige Zeit schweigend auf einer Bank, bis sich Cordula stark genug fühlt, den Heimweg anzutreten. Valentina ruft ein Taxi, beide fahren gemeinsam zu Cordulas Auto, und Cordula verabschiedet sich von Valentina, nicht wissend, dass die beiden nie wieder gemeinsam arbeiten werden.

Cordula geht am nächsten Tag zu ihrem Gynäkologen: »Liebe Frau Cordula, wie geht es Ihnen? Was kann ich für Sie tun? Wenn ich mich nicht irre, waren Sie ja vor kurzem bei mir.«

Die beiden schätzen einander.

»Ja, ich war bei Ihnen. Aber seit vorgestern habe ich Herzprobleme. Und das gleich zu Beginn der Schwangerschaft. Mir ist klar, dass das Herz schneller schlägt, aber mein Herz rast, und es hört immer wieder auf zu schlagen. Was ist das?«

Der Arzt schlägt beide Hände über dem Kopf zusammen. »Cordula, sie müssen so schnell wie möglich zu einem Internisten, und ich schreibe sie sofort in den Mutterschutz, sie müssen sich schonen!«

»Sofort? Die gesamte Schwangerschaft? Das geht nicht. Ich habe noch laufende Projekte, ich kann nicht sofort aufhören zu arbeiten, es geht wirklich nicht.«

Cordula glaubt es nicht, doch der Arzt meint, damit sei nicht zu spaßen, denn Cordula muss in der Schwangerschaft sowieso mehr auf sich achten als jede andere werdende Mutter, denn sie hat eine sogenannte APC-Resistenz, eine Erbkrankheit. Das Risiko, ein Blutgerinnsel zu bekommen, ist in der Schwangerschaft stark erhöht, deswegen muss sie sich täglich als Thromboseprophylaxe eine Spritze in den Oberschenkel jagen.

Bemerkt wurde diese Blutgerinnungsstörung zu Beginn ihrer ersten Schwangerschaft mit Olivia. Cordula war gerade allein in Wien und probierte Brautkleider an, als sie eine SMS von ihrem damaligen Verlobten Ben bekam. Doch sie konnte die Nachricht nicht lesen, sie war verschwommen, und ihr war leicht schwindlig. Als Ben sie abholte, wusste sie die einfachsten Dinge nicht mehr. Ihr kam vor, als spräche Ben plötzlich eine andere Sprache. Sie wusste nicht mehr, wo ihr Auto parkte, hatte keinen Orientierungssinn mehr, und ihr fielen die einfachsten Wörter nicht mehr ein. Ben brachte sie damals ins Krankenhaus, wo man nach etlichen Untersuchungen diese APC-Resistenz diagnostizierte. Seither ist Cordulas Arzt während ihren Schwangerschaften besonders besorgt.

Soweit so gut, nur Cordula im Mutterschutz war für sie nicht vorstellbar. Auch die Internistin rät zu einem drastischen Schonprogramm. Die aktive, umtriebige Cordula muss von jetzt auf gleich ihr Aktivprogramm gegen ein kräfteschonendes Tagesprogramm eintauschen.

Cordula muss all ihre Aufträge stornieren. Für sie nicht leicht, einerseits macht ihr die Arbeit Spaß, und andererseits ist das ihr Einkommen. Sie ist freiberuflich tätig, wenn sie nicht arbeitet, bekommt sie kein Geld. Und wer weiß schon, ob ihr die Auftraggeber in zwei Jahren noch immer die Treue halten. Sehr wahrscheinlich nicht. Große Trauer erfasst sie. Sie war so glücklich, dass sie nach Olivia und Esther wieder so schnell in den Job zurückgefunden hat. Die Aufträge wurden sukzessive mehr. Und jetzt muss sie alle absagen, viele sehr kurzfristig. Sie müsste noch so viele Visualisierungen machen. Die Architekten warten darauf. Das schmerzt. Sie steht für Professionalität und Zuverlässigkeit, und jetzt muss sie alles absagen. Für sie mehr, als sie aushalten kann. Die körperlichen Beschwerden häufen sich, und sie kann tatsächlich nicht viel mehr, als auf dem Sofa liegen. Ihr Leben steht mit einem Schlag still, während Bens Leben fast normal weitergeht.

»Ben, mir fällt zu Hause die Decke auf den Kopf, ich fühle mich so einsam!« schreibt sie ihm als Kurznachricht.

Er liest sie, kurz darauf steht »gelesen« unter der Nachricht, aber er antwortet nicht.

Cordula kommt immer schlechter mit seinem Verhalten zurecht, und ihr Frust steigt. Jetzt schon fühlt sie sich von Ben im Stich gelassen, und der kleine Zwerg ist noch nicht mal spürbar. »Oh Gott, wie wird das werden?« Ihre schlimmsten Befürchtungen werden sich bewahrheiten. Ben kommt immer später nach Hause. Verständlich, wer freut sich schon auf eine frustrierte, schwangere Ehefrau? Das tut der Beziehung natürlich nicht wahnsinnig gut. Beiden ist klar, ihr Leben wird sich mit drei Kindern schlagartig ändern, und beiden fällt es schwer, dies zu akzeptieren. Keine ihrer Freundinnen ist schwanger, sodass sie niemanden hat, der in einer ähnlichen Lage ist.

Cordula fühlt sich extrem einsam, gefangen in den eigenen vier Wänden und in ihrem Körper, der nicht mehr zu funktionieren scheint. Sie kann nur mit Ben über ihre Sorgen reden, will aber nie und nimmer zugeben, mit der Schwangerschaft Probleme zu haben. Das wäre für sie wie ein Verrat an ihrem ungeborenen Kind. Die Herzaussetzer, wie Cordula ihre Herzrhythmusstörungen nennt, machen den Alltag wirklich nicht leicht. Ihre Internistin glaubt, dass sie nach der Geburt nach und nach verschwinden werden. Darauf freut sich Cordula, dann möchte sie sich wieder ins Leben stürzen.

Mein jüngeres Selbst!

Auch wenn du es noch so intensiv versuchst und dich mit all deiner Kraft gegen die Schwangerschaft stemmst, du kannst sie nicht ändern. Du bist schwanger, und das ist so großartig! Wenn du jetzt schon wüsstest, welches Glück dich erwartet, würdest du vor Vorfreude platzen. Ich wünschte, du könntest in die Zukunft sehen, das kann leider niemand, aber was du kannst, das ist vertrauen. Vertraue darauf, dass das beste Leben auf dich wartet, das für dich beste Leben. Vielleicht musst du durch ein längeres Tal schreiten, vielleicht musst du noch in deinem Innenleben einiges ordnen, damit du erkennen kannst, was gut und was nicht gut für dich ist. Ich kann dir nur soviel verraten, dieser kleine Mensch wird dich vom ersten Moment an verzaubern, und dieser Zauber wird dich nicht mehr loslassen. Erinnere dich zurück an die schönen Stunden, die du mit Olivia und Esther hattest. Du warst so glücklich, nur wenn du sie angesehen hast. Stundenlang bist du vor der Wiege gestanden und hast sie beim Schlafen beobachtet. Alles war so friedlich, und du dachtest, dass es nichts Schöneres geben kann als zufriedene, schlafende Babys. Du hast dich vollkommen gefühlt. Denke zurück an Baby Olivia mit ihren süßen großen Kulleraugen und ihren riesigen Händen, die viel zu groß gewirkt haben. Erinnere dich an die erste gemeinsame Nacht mit Olivia, wie du verzückt warst von dem Wunder, das dir geschehen ist. Du hast diese Magie ein zweites Mal erleben dürfen, du warst so dankbar bei Esther, dass sie gesund zur Welt gekommen ist. Du hattest große Sorge um sie, weil sie so zart, so zerbrechlich war. Und sieh sie dir jetzt an, ein großartiges, sportliches Mädchen ist sie! Und nun willst du dem großen Wunder Widerstand leisten? Vergiss nicht, das Leben ist für dich, nichts passiert zufällig. Dieser kleine Mensch muss in dein Leben kommen. Er ist für dich bestimmt. Versuche, den Blick auf die Schwangerschaft zu verändern. Im Moment denkst du negativ, du trägst die rote Brille, sie bedeutet für dich Gefahr. Du erinnerst dich nur an die schwierigen Stunden, kannst aber die schönen gar nicht sehen. Dein Blick auf das Schöne ist verschwommen, weil du dich dafür nicht öffnest, du blockierst dich! Deshalb plagen dich auch Zweifel, und du bist so ängstlich. Deine Herzprobleme zeigen dir im Moment deinen Widerstand. Du wehrst dich gegen dein Herz. Dein Körper lügt nicht. Setze eine andere Brille auf, durch die du die gleiche Situation komplett anders sehen kannst. Probiere die grüne Brille! Sie zeigt dir alle schönen Momente, die du mit einem Baby erlebt hast. Durch sie kannst du dich an die Liebe und an die intensiven Glücksgefühle erinnern. Diese Brille gibt dir Kraft und Zuversicht. Wenn die grüne Brille noch nicht gut passt, dann probiere die gelbe Brille aus. Durch sie siehst du die Situation nicht negativ und auch nicht positiv, sondern neutral. Sie hilft dir dabei, die Schwangerschaft anzunehmen. Cordula, du kannst dich bewusst entscheiden, welche Brille du trägst. Nur du bist für deine Gedanken verantwortlich, nur du. Das ist gut so, denn so kannst du sie auch ändern!

Fühl dich umarmt, dein höheres Selbst!

Cordulas Gedanken drehen sich im Kreis. Sie kann die Schwangerschaft nicht annehmen oder akzeptieren. Und ihr ist nicht klar, warum sie sich so dagegen wehrt. Wenn Olivia in der Schule ist und Esther im Kindergarten, startet sie ihr tägliches Schonprogramm: Sie heizt sich den Kamin ein, legt sich auf die Couch und starrt an die Gewölbedecke. »Warum wehre ich mich so gegen diese Schwangerschaft? Ich liebe meine Mädchen, ich liebe Kinder, wo liegt mein Problem?« Cordula könnte aus ihrer Haut fahren. Sie ist es nicht gewohnt, nichts zu tun, normalerweise macht sie immer irgendwas, arbeiten, zeichnen, kochen, Sport, Freunde treffen, lesen, egal was, aber sie ist immer am Tun.

Diese Stille, dieses Nichtstun sind nicht zu ertragen. Ihre Stimme im Kopf ist nicht auszuhalten. Sie erzählt ihr eine Angstgeschichte nach der anderen. Sie wehrt sich gegen die Stimme im Kopf, doch dadurch wird diese immer lauter und unangenehmer. Am liebsten würde sie den ganzen Tag schlafen und an nichts denken. Sie fühlt sich elend. Sie macht nichts, dennoch fühlt sie sich aufgedreht. Der schnelle Herzschlag pusht sie, während sie nur ruhig daliegt. So kann es nicht weitergehen. Sie muss was ändern, so kann sie nicht die ganze Schwangerschaft verbringen. »Ich muss die Zeit doch nutzen!« Cordula versucht sich zu motivieren, so wie sie es immer getan hat. Sie konnte immer jeder noch so schlimmen Situation etwas Positives abgewinnen. Diesmal will ihr das nicht gelingen. Cordula versucht ihre negativen Gedanken durch positive zu ersetzen. Dann kommt ganz kurz Freude auf, die im Handumdrehen von negativen Gedanken erschlagen wird.

Drei Kinder, ein vielbeschäftigter Ehemann und weit und breit keine Hilfe in Sicht. Eine Karriere, die den Bach runtergeht. Sie wird das nicht schaffen, Ben wird sich irgendwann eine andere Frau suchen, sie wird die ganze Zeit allein mit den Kindern zu Hause hocken. »Was ist das für ein Leben? Warum nur, warum musste mir das passieren? Was habe ich falsch gemacht? Das Leben ist gegen mich!« So destruktiv verbringt Cordula ihre ersten Schwangerschaftsmonate, so sieht ihr Schonprogramm aus. Sie kämpft gegen ihren Körper, gegen ihre Psyche und gegen ihr Leben.

Mein jüngeres Selbst!

Du machst dich gerade selbst fertig. Den Widerstand, den du gerade massiv aufbaust, kannst du dir vorstellen wie einen Damm in einem reißenden Fluss. Lass' los! Lass' es fließen! Alles ist im Fluss. Deine Energie, das Leben, alles. Du kannst nichts aufhalten. Jeder Widerstand macht alles nur noch stärker, mächtiger. Fühle, was zu fühlen ist, und lasse dann wieder los. Fühlen an sich ist nichts Negatives – es ist nur deine Bewertung. Erfahrungen, die dich irgendwann verletzt haben, emotional aufgewühlt haben, müssen noch geheilt werden. Und sie werden solange aufflackern, bis du hinsiehst und ihnen die notwenige Aufmerksamkeit schenkst. Fühlen bedeutet auch gehen lassen, kein Gefühl will für immer bleiben. Auch gute Gefühle gehen. Instinktiv möchte man sie festhalten, aber man schafft es nicht. Gutes wie Schlechtes gehen vorbei. Cordula, jede Krise geht vorbei. Du hörst zu sehr auf deine Stimme im Kopf, es ist der Verstand, der mit dir spricht, nicht dein Herz. Wenn die Stimme im Kopf zu laut wird, versuche sie zu stoppen, indem du laut »Stopp« sagst, dann wird es tatsächlich etwas ruhig bis der nächste Gedanke kommt. Einen kurzen Moment ist dann wirklich Ruhe. Probiere aber auch folgende Übung aus: Diese kannst du im Stehen, im Liegen oder im Sitzen mit aufrechter Haltung machen. Atme tief durch die Nase ein und langsam durch den Mund aus, ein paar Mal, und entspanne dich dabei. Beim Einatmen denkst du dir »Sa«, beim Ausatmen »hum«. Du verstärkst den Effekt, indem du dir beim Einatmen vorstellst, wie die rote Kraft der Erde durch deine Füße in deinen Körper fließt und beim Ausatmen weißgoldenes Licht von oben durch deinen Kopf in deinen Körper strömt. Während dieser Atemübung erdest du dich, du wirst dadurch sicher und gelassen. Zusätzlich wird der Geist ruhig. Genau das brauchst du jetzt: geistige Entspannung! Cordula, denk daran, alles wird nicht nur gut, sondern besser. Du kannst dir jetzt noch nicht vorstellen, welches wunderbare Leben auf dich wartet. Glaube daran, vertraue dem Leben. Du könntest noch eines probieren, versuche so oft wie möglich in der Gegenwart zu sein, im Hier und Jetzt. Das klingt

so abgedroschen, ich weiß, für den Verstand fast zu banal, aber wenn du präsent bist, und das ist gar nicht so einfach, hast du keine Angst, keine Sorgen. In der Gegenwart bist du das, was du bist, Liebe, Freude, Leichtigkeit. Die Zweifel, die ruft dein Verstand hervor, und zwar aus der Vergangenheit, und polt sie auf dein zukünftiges Leben um. Probiere es einfach, du hast nichts zu verlieren, bringe deinen Geist so oft wie möglich in den gegenwärtigen Moment.
Auch wenn es nicht gleich funktioniert, bleib dran, es wird dir immer besser gelingen. An manchen Tagen besser als an anderen. Das ist normal, und du kannst dabei nichts falsch machen.

Fühl dich umarmt, dein höheres Selbst!

Bei den Schwangerschaften davor war alles anders. Sie hat sich auf die Babys gefreut. Auch Ben hat sich gefreut. In der ersten Schwangerschaft mit Olivia hatte sie unstillbaren Appetit auf Pikantes. Ben und sie haben jeden Abend gemeinsam gekocht, hatten so viel Spaß zusammen. Am Ende der Schwangerschaft hat nicht nur Cordula ordentlich zugelegt, sondern auch Ben. Das war eine so schöne, intime Zeit. Bei Esther war es zwar anders, da plante sie das Haus, aber sie waren nah beieinander. Sie zeichneten gemeinsam Pläne bis spät in die Nacht, sie redeten stundenlang über Fliesen, Böden und Fenster. Aber jetzt, jetzt ist alles anders. Ben ist anders, Cordula ist anders. Cordula ist anders, weil Ben anders ist, oder ist Ben anders, weil Cordula anders ist. Sie weiß es nicht. Auf jeden Fall ist sie alleine zu Hause, mit den beiden Mädchen, und Ben ist ständig unterwegs. Arbeiten, Abendveranstaltungen, beim Sport, bei privaten Treffen. Wenn sie daran denkt, überkommt sie ein ungutes Gefühl. »Schluss jetzt! Ich kann es schaffen, ich werde es schaffen.« Cordula schreit sich selbst an. »Ich habe die Kraft, die alles schafft.« Diesen Glaubenssatz hat sie einmal in einem Kurs für autogenes Training gehört. Der fällt ihr nun wieder ein. Und sie sagt ihn unzählige Male am Tag. »Ich habe die Kraft, die alles schafft.«

Cordula darf ihre Gefühle nicht von Ben abhängig machen, und sie möchte nun ehrlich auf ihr Leben sehen, denn Dinge schönzureden oder zu beschwichtigen, dafür hat sie im Moment keine Energie. Wenn sie darüber nachdenkt, hat sich ihr Leben in der letzten Zeit schon nicht mehr wahrhaftig angefühlt. Ben und sie haben sich Hals über Kopf ineinander verliebt, und es konnte ihnen nicht schnell genug gehen. Nur zwei Jahre nach dem Kennenlernen haben sie geheiratet, da war sie schon mit Olivia schwanger. Beide wollten Kinder, beide wollten Familie, und weil die Familie schnell wachsen sollte, begannen sie auch rasch ihr Traumhaus zu bauen, nur kurz nach der Geburt von Esther.

Fünf Jahre nach dem Kennenlernen zogen sie bereits in ihr Haus, mit zwei Kindern. Da blieb keine Zeit zum Genießen, Reflektieren, Abstimmen, Angleichen, Überdenken, Erholen. Sie lebten ein gemeinsames Leben wie in einem Hochgeschwindigkeitszug. Cordula wollte eine gleichberechtigte Ehe führen, aber Ben wollte der Kinder wegen beruflich nie zurückstecken. Cordula tat es, weil sie ihre Kinder nicht von Fremden betreuen lassen wollte. Ihr ist Familie wichtig, ihr sind die Kinder wichtig, und sie wollte nicht Kinder bekommen, um sie dann den ganzen Tag in die Kinderkrippe oder in den Kindergarten zu geben. Sie wollte ein modernes Familienleben führen, in dem Vater und Mutter präsent sind, in dem beide beruflich Erfolg haben können und in dem beide Karrieren den gleichen Stellenwert haben. Sie wollte ein Ehepaar sein, das sich gegenseitig unterstützt und stärkt.

Doch es war nicht so. Für Ben war seine Arbeit, seine Freizeit immer wichtiger – sein Einkommen war in seinen Augen mehr wert als Cordulas Einkommen. Sie haben oft deswegen gestritten, sind aber nie auf einen gemeinsamen Nenner gekommen. »Cordula, ich habe dir nie versprochen, dass ich in Karenzurlaub gehe. Dass mir meine Karriere wichtig ist, daraus habe ich nie ein Geheimnis gemacht. Ich halte dich nicht auf, auch Karriere zu machen, aber dann musst du dir ein Kindermädchen suchen, das wir dann beide bezahlen. Aber ich bleibe nicht zu Hause, keinen einzigen Tag«, das war seine Erklärung.

Er hat ihr nichts versprochen, das stimmt. Cordula hat nie von Ben verlangt, dass er in Väterkarenz gehen soll. Aber sie hätte sich eine gleichberechtigte Ehe gewünscht, in der auch Ben beispielsweise die Kinder vom Kindergarten abholt oder die Betreuung am Abend übernimmt. Aber das tat er nicht, und so fand Cordula nie eine gute Balance zwischen Kindern und Karriere.

Sie arbeitete zu Hause, wenn die Kinder am Vormittag im Kindergarten waren oder während sie ihren Nachmittagsschlaf hielten oder in der Nacht. Wenn sie für Aufträge unterwegs war, halfen ihr ihre Mutter oder ihre Schwiegermutter. Doch sie wollte beide nicht zu sehr beanspruchen. Deswegen hat Cordula mehr Visualisierungen angenommen, die sie von zu Hause aus abwickeln konnte, aber eigentlich wollte sie viel mehr erreichen, bei Großprojekten mitarbeiten. Cordula glaubt, dass sie in ihrem Beruf viel mehr hätte erreichen können. Sie ist gut, sie ist kreativ, und Architekten und Auftraggeber schätzen ihre Kreativität und ihre professionelle Arbeitsweise.

Außerdem ist Cordula witzig, und wenn ein Bauprojekt entwickelt und geplant wird, arbeitet man für lange Zeit zusammen. Und da schätzen Kollegen ihre unkomplizierte Art und ihren Sinn für Humor. Denn bei Cordula kommt der Spaß nicht zu kurz. Es wird zwar hart gearbeitet, aber auch viel gelacht. Außerdem kommt man sich in diesen Stunden extrem nahe. Nicht körperlich, aber menschlich. Mit Cordula kann man die persönlichsten Dinge besprechen, man kann ihr vertrauen. Und das wird auch im Berufsleben sehr geschätzt – Loyalität und Vertrauen.

Aber mit Stress kann Cordula schlecht umgehen. Ebenso mit Druck und Kritik. Dass Kritik wichtig für ihre berufliche Entwicklung ist, das sieht sie nicht. Die nimmt sie persönlich und reagiert beleidigt. Deshalb ist die Schwangerschaft für Cordula vielleicht ganz gut, um innezuhalten, zu reflektieren und an ihrer Belastungsfähigkeit zu arbeiten. Sie könnte die Zeit nutzen, um ihr Studium abzuschließen, denkt sie sich. Und wenn sie das Studium abgeschlossen hat, könnte sie die Ziviltechnikerprüfung machen und sich als Architektin selbständig machen. Dann könnte sie ihre eigenen Projekte verwirklichen. Von der Idee bis zur Fertigstellung. Eine schöne Vorstellung, dass ihre Wohnhäuser, Bürogebäude, Einfamilienhäuser und Hotels diverse Gegenden verschönern. Sie möchte all ihre Projekte nachhaltig bauen. Jedes einzelne Gebäude soll ein green building sein. Sie durchströmt ein intensives Gefühl der Freude, wenn sie nur daran denkt.

Cordula hat gegen Ende des zweiten Studienabschnitts kurz vor der Diplomarbeit ihr Studium abgebrochen. Sie hat sich schon sehr jung selbständig gemacht, als Ideengeberin für Architekten und als Visualisiererin. Und ihr hat die Arbeit soviel Spaß gemacht, dass sie das Studium nicht weiter verfolgen wollte. Aber das ärgert sie noch immer, denn es wäre schon sehr verlockend, wenn sie ihr eigenes Architekturbüro hätte. Vielleicht mit einer Handvoll Mitarbeiter. Alle hätten in der ehemaligen Scheune Platz, die wäre groß genug. Als Kind hat ihre Mutter immer wieder gesagt: »Du machst nichts fertig, Cordula. Du fängst tausend Dinge an, und nichts bringst du zu Ende.« Das hat sich in ihr Gehirn eingebrannt. Sie glaubt, egal, was sie beginnt, dass sie nicht in der Lage ist, das auch zu Ende zu bringen.

Mein jüngeres Selbst!

Ich finde gut, dass du wieder motiviert und positiver gestimmt bist. Aber verlange in dieser Zeit nicht zu viel von dir. Du musst nichts leisten, damit du glücklich bist, du darfst einfach sein. Zu den Glaubenssätzen sollst du wissen: Glaubenssätze, wie »Ich kann nichts«, »Ich bin nicht gut genug«, »Ich bin nicht liebenswert«, »Ich kann das nicht« oder Ähnliches ist nur ein Abbild einer Perspektive. Es ist die Meinung über dich von einer anderen Person. Die Wahrheit eines anderen, nicht deine Wahrheit! Dass du nichts zu Ende bringst, war nur die Meinung deiner Mutter. Das hat mit dir nichts zu tun. Es ist so, wie deine Mutter damals die Welt gesehen hat, durch den Filter ihrer Erfahrungen. Du bist aber auf der Welt, um selbst Erfahrungen zu machen, um dich selbst zu erfahren. Glaubenssätze blockieren dein Leben, sie bremsen aus und haben Einfluss auf das gesamte Leben. Ist das nicht paradox? Diese Feststellung von Mutter, die es natürlich nicht böse gemeint hat, sie wollte einfach, dass du dich auf eine Sache fokussierst, aber du wusstest damals nicht worauf, du wolltest dich ausprobieren, diese Feststellung hat dein Leben geprägt, denn so hast du über dich gedacht, ich bin die Cordula, die Person, die nichts zu Ende bringt. Dann hast du mit verschiedenen Tätigkeiten begonnen, und du hast nichts zu Ende gebracht. Und dein Verstand hat sich bestätigt gefühlt. Und irgendwann ist dieser Glaubenssatz nicht nur zu deiner Wahrheit geworden, sondern auch zu deiner Identität. Und so hast du deinen Au-pair-Aufenthalt in den Staaten bereits nach einem halben Jahr abgebrochen, den Italienischkurs in der Toskana kurz vor dem Ende und auch dein Studium nicht abgeschlossen. Du konntest nichts zu Ende bringen, weil du das über dich geglaubt hast. Werde dir deiner Glaubenssätze bewusst, denn jeder negative Glaubenssatz kann auch aufgelöst werden. Die Glaubenssätze schlummern im Unterbewusstsein so dahin. Rund fünfundneunzig Prozent all unserer Handlungen kommen aus dem Unterbewusstsein, der Rest aus dem Bewusstsein. Daraus kann man erkennen, wie wichtig es ist, sich dieser unbewussten Gedanken bewusst zu werden. Sogar Muhammed Ali, der berühmte US-amerikanische Boxer, hat gemeint: »Die ständige Wiederholung von Glaubenssätzen führt zum Glauben. Ist aus dem Glauben eine tiefe Überzeugung geworden, geschehen Dinge.« Das ist Transformation. Deshalb Cordula, du kannst alles zu Ende bringen, was du willst. Du kannst alles schaffen, was du bist. Nicht was du willst, sondern was du bist. Das ist auch ein Unterschied. Deshalb nimm dir die Zeit, und gehe in dich. Werde dir bewusst, welches Leben du wirklich willst. Welches Leben du erschaffen willst. Nicht was Ben will, nicht was deine Mutter möchte, sondern was du möchtest! Du bist für dich der wichtigste Mensch. Du musst an erster Stelle stehen. Und das ist nicht egoistisch, das ist ein Ausdruck davon, dass du dich selbst liebst. Wenn du nicht mehr gegen dein Leben kämpfst, gegen Situationen ankämpfst, hast du Energie frei, um dein Leben zu leben. Du bist kein Opfer deines Lebens, sondern die Schöpferin deines Lebens! Und Schöpfer erschaffen!

Fühl dich umarmt, dein höheres Selbst!

Cordula hat immer stärker das Gefühl, dass sie sich selbst im Weg steht, aber wie sich das langfristig ändern lässt, weiß sie leider noch nicht. Sie möchte alles versuchen, das Beste aus der derzeitigen Situation zu machen, obwohl ihr das immer noch schwerfällt. Sie vermisst Ben an ihrer Seite, da kann sie sich noch so sehr vornehmen, dass sie ihre Gefühle nicht von Ben abhängig machen möchte. Aber es macht sie einfach traurig, dass er so selten zu Hause ist und dass er anscheinend seine Erfüllung nur im Beruf und nicht bei ihr und den Kindern findet.

Es ist ja gut, wenn ihm die Arbeit Spaß macht, aber es kränkt sie, dass er zu Hause keine Freude zu haben scheint. Er fragt sie kaum, wie es ihr in der Schwangerschaft geht. Er bemerkt nicht mal ihre Kämpfe. Sie ist in der Ehe einsam, frustriert und immer abwartend. Warten, dass es besser wird. Dass er von alleine spürt, wie toll eigentlich seine Familie ist. Aber darauf kann sie lange warten. »Schluss, jetzt. Ich nehme mein Leben selbst wieder in die Hand. Ich bin für meine Gefühle verantwortlich und nur ich kann sie ändern. Ben wird es schon noch raffen, was er an uns hat, und wenn nicht, ist er selber schuld. Ich mache nun das Beste aus meinem Leben!« Cordula pusht sich selber, sie spürt ganz zart ihre Lebensgeister aufflackern, denn wenn sie die Situation nicht ändern kann, dann kann sie aber die Einstellung dazu ändern! Ihre Gedanken über die Schwangerschaft kann sie ändern. Sie weiß und spürt, dass das Problem zu einem großen Teil in ihrem Kopf ist.

Mein jüngeres Selbst!

Du bist schon ganz nah dran. Wenn du deine Gedanken änderst, dann ändern sich auch deine Gefühle. Denn nicht die äußere Welt erschafft die innere Welt, sondern umgekehrt, die innere Welt erschafft die äußere. Die Welt ist immer gleich. Aber wenn du zum Beispiel verliebt bist oder gut aufgelegt bist, dann fallen dir ganz andere Dinge auf, als wenn du schlecht gelaunt durch die Welt gehst. Ein Beispiel: Du stehst im Stau. Wenn du gut gelaunt bist, drehst du die Musik auf, singst mit und freust dich darüber, dass du noch etwas Zeit alleine im Auto verbringen kannst. Du genießt die Musik, du genießt die Zeit. Möglicherweise fallen dir auch ganz viele freundliche Menschen auf, manche winken dir sogar zu oder lächeln dich an. Wenn du jedoch mies gelaunt bist, dann schimpfst du über die Autofahrer vor dir, über das Straßennetz, darüber, dass es viel zu viele Autos gibt, du siehst schlecht gelaunte Menschen. Es ist aber die gleiche Situation wie davor. Das ist nur ein kleines Bespiel. Später im Leben wird es dir noch bewusster werden, welche Auswirkungendeine innere Haltung, deine inneren Blockaden, Ängs-

te, Prägungen haben. Und du wirst die Erfahrung machen, diese Stück für Stück zu lösen und du wirst dich in Situationen, in denen du dich unwohl gefühlt hast, plötzlich super wohlfühlen. Dazwischen liegt nur eine einzige Erfahrung. Aber mehr dazu später!
Jeder Mensch hat eine eigene Energie, die ist veränderbar, man muss sich dessen nur bewusst werden. Diese Energie ist deine Frequenz, wie bei einem Radio. Und du sendest und empfängst auf der gleichen Frequenz. Wenn deine Frequenz Freude ist – empfängst du Freude. Wenn deine Frequenz aber Wut ist – dann empfängst du auch Wut. Um zurück auf das Radio zu kommen, du kannst beispielsweise nicht die Frequenz vom Klassiksender einstellen und Hard Rock Musik erwarten. Deshalb muss deine Frequenz zu dem passen, was du vom Leben erwartest.
Es gibt die hermetischen Gesetze, die besagen, dass das Leben und das Leben im Universum durch sieben universelle Gesetze bestimmt werden. Es sind quasi Naturgesetze des Lebens. »Das zweite Gesetz ist das Gesetz der Analogie. Es besagt, unsere innere Welt erschafft unsere äußere Welt. Die heutige Gesellschaft geht irrtümlicherweise davon aus, dass negative Lebensumstände zu negativem Denken führen. Das stimmt aber nicht. Konstruktive Gedanken und Gefühle reden unser Leben nicht nur schön, es ändert unser gesamtes Sein.«[(2)] Und es liegt immer an dir, wie du eine Situation bewertest und über sie denkst. Die gleiche Situation kann bei dir zu negativem Denken führen, bei jemand anderem aber zu positivem Denken. Beispiel: wenig Geld auf dem Konto. Du denkst dir, fuck, wie soll ich nun

über die Runden kommen, nie habe ich genug Geld – negativ. Ein anderer nimmt es zur Kenntnis und ist motiviert sich neue Einnahmequellen zu suchen. Neutral bis positiv!
Deshalb: Änderst du deine Gedanken, ändern sich automatisch deine Gefühle. Du musst dir nur deiner Gedanken bewusst werden. »Aufmerksamkeit ist die bewusst gesteuerte Achtsamkeit und aktiviert die Energie der Anziehungskraft. Die Energie folgt der Aufmerksamkeit und wirkt wie ein Dünger. Positiv wie negativ.« [2]
Fokussierst du dich auf ein Problem – kein Geld – und versuchst es krampfhaft zu bekämpfen, wird es kurz oder langfristig wiederkehren und wachsen. Ergebnis – kein Geld. Wenn du es schaffst, ein Problem anzunehmen und deine Energie der Lösung widmest, kannst du die Barriere nachhaltig auflösen. Kopf hoch meine liebe Cordula, du bist auf den für dich richtigen Weg, vertraue darauf!

Fühl dich umarmt, dein höheres Selbst!

Cordula beschließt, nun mit den Mädchen zu reden. Sie wissen noch nichts von der Schwangerschaft, obwohl sie sich schon wundern, warum Cordula tagelang im Bett liegt. Aber sie hat zugewartet, erstens weil sie sich selber noch mit dem Gedanken anfreunden musste, und zweitens wollte sie ihnen diese Botschaft freudig überbringen. Und Cordula ist niemand, die sich verstellen kann. Sie ist wie sie ist, wenn traurig, dann kann sie nicht so tun, als wäre sie voller Freude. Nun spürt sie aber schon Vorfreude und der Bauch beginnt schon zu wachsen. Die ganze Situation fühlt sich schon besser an.

»Olivia und Esther, Mami muss euch heute was sagen. Ihr bekommt eine kleine Schwester oder einen kleinen Bruder!«

»Aha, warum?«, fragt Esther.

»Super, darf ich dann das Baby halten?«, fragt Olivia.

Esther möchte erstmal wissen, wie das sein kann, wo ist das Geschwisterchen jetzt, und vor allem, wann kommt es aus dem Bauch heraus, und wie ist es überhaupt da rein gekommen?«

»Spür mal, Esther, wenn du die Hand auf meinen Bauch legst und etwas wartest, spürst du ganz leichte Bewegungen, das ist das Baby. Auch die kleinen Füße kannst du bereits ertasten.«

»Aber Mami, das Baby liegt ja verkehrt! Hat es dann die Beine oben und den Kopf unten?«

»Nein, Esther. Der Kopf ist oben, die Füße ganz normal unten, so wie bei dir. Es liegt nur verkehrt im Bauch, weil es für das Baby angenehmer ist. So fühlt es sich pudelwohl. Es ist alles in Ordnung.«

»Wie kommt das Baby dann aus dem Bauch heraus?«

»Nun ja, wenn es groß genug ist, muss ich für ein paar Tage ins Krankenhaus, und die Hebamme hilft mir und dem Baby dabei, dass es aus dem Bauch kommt.«

Diese Information reicht ihr fürs erste. Die beiden freuen sich sichtlich über diese Nachricht, und endlich kommt auch bei Cordula ein Gefühl der Freude und Erleichterung auf. Die Mädchen sind ganz aufgeregt und sind schon sehr gespannt, ob sie einen Bruder oder eine Schwester bekommen, und stecken Cordula mit ihrer positiven Art an.

Was das Geschlecht betrifft, ist sich Cordula sicher, es wird wieder ein Mädchen. Laura soll sie heißen. Sie würde sich auch über einen Jungen freuen, aber noch ein Mädchen wäre toll und würde gut zu seinen Schwestern passen. Cordula ist mit drei Brüdern aufgewachsen, sie hätte gerne mindestens eine

Schwester gehabt. Es war nicht einfach, einziges Mädchen zu sein, noch dazu sind zwei ihrer Brüder viel älter als sie, zehn und elf beträgt der Altersunterschied. Ihr Zwillingsbruder und sie waren Nachzügler. Wahrscheinlich auch nicht geplant. Mit ihm hat sie ein inniges Verhältnis. In der Kindheit und Jugendzeit hatten sie zwar jede Menge Streit, aber wenn es hart auf hart kam, waren sie immer ein Team. Auch heute noch. Er lebt zwar mit seiner Frau in Neuseeland. Leider viel zu weit weg. Aber sie skypen regelmäßig, und er hat ihr versprochen, innerhalb der nächsten fünf Jahre zurück nach Österreich zu kommen, um die Landwirtschaft der Eltern zu übernehmen. Darauf freut sich Cordula, sie vermisst ihren Zwillingsbruder sehr.

Ihre Tochter Olivia begleitet sie zur nächsten Ultraschalluntersuchung, wo es sehr wahrscheinlich ist, dass das Geschlecht zu erkennen ist. Ben ist beruflich verhindert. Mittlerweile macht Cordula die Abwesenheit von Ben gar nicht mehr so traurig, sie hat eher Mitleid mit ihm, dass er in dieser einzigartigen Zeit nicht Anteil nimmt. Im Warteraum diskutieren beide noch, welcher Name besser zu Olivia und Esther passt – Luis oder Laura.

»Olivia, Esther, Louis – das gefällt mir nicht Mami, das passt nicht! Olivia, Esther, Laura – das passt!«

Sie betont das »er« am Ende von Esther als »a«.

»Alles endet mit a, das passt gut, das Baby soll Laura heißen!«, meint Olivia aufgeregt.

»Oh, Frau Cordula, heute mit Unterstützung, kommen Sie herein. Sind Sie schon aufgeregt? Heute müsste man das Geschlecht sehen, sofern das Baby es zulässt.«

Auch für den Gynäkologen scheint der Termin, an dem das Geschlecht zu sehen ist, besonders zu sein.

»So, dann schauen wir mal. Ja, ja, das Baby zeigt es ganz

deutlich. Olivia, du bekommst einen Bruder!«, verkündet der Arzt voller Freude.

»Das kann nicht sein, wir bekommen eine Schwester«, meint Olivia.

»Nein, es wird sicher keine Schwester, es wird ein Bruder, das ist schon mal fix.«

Cordula ist etwas enttäuscht und der Gynäkologe meint wenig einfühlsam: »Aber Frau Cordula, so bekommt ihr Mann endlich Unterstützung.«

Die Welt steht für sie etwas auf dem Kopf. Cordula hat insgeheim auf eine Tochter gehofft. Als sie sich mit Ben und Esther in der Stadt trifft, freut er sich sehr über die männliche Verstärkung. Esther und auch Olivia freuen sich auch über einen Bruder, ob er will oder nicht, er muss mit ihnen in der Puppenküche spielen. Olivia möchte schon eine Puppe für das Baby einkaufen, aber Cordula kann sie noch davon abhalten. Sie lassen den Tag in der Stadt gemeinsam ausklingen und stimmen sich mit Geschichten über die Babyzeit von Olivia und Esther auf die Zeit ein.

Cordula versucht sich auf das Abenteuer drittes Kind komplett einzulassen, doch so ganz gelingt es ihr noch immer nicht. Warum wehrt sie sich immer noch dagegen? Warum kann sie sich nicht hundertprozentig auf die Schwangerschaft einlassen? Es ist Angst. Angst vor dem Alleinsein, Angst, dass Ben sie verlässt, Angst vor einer möglichen Überforderung, Angst vor der finanziellen Abhängigkeit, Angst, nicht alles auf die Reihe zu bekommen, Angst vor der Abhängigkeit von ihrer Mutter und Angst, dass das Leben an ihr vorbeizieht. Das Leben, das ihre Freunde führen, weil ihre Kinder schon selbständiger sind. Sie hat Angst, dass sie ihre Freunde verliert, weil sie nur noch wenig Zeit für sie haben wird. Mit drei Kindern werden ihre Tage streng strukturiert sein.

Mein jüngeres Selbst!

Hab keine Angst, das Leben ist immer für dich. Wie so oft hast nur du die Wahl – Angst ist die Erwartung von Schmerz. Vertrauen ist die Erwartung von Liebe. Angst ist nur die Vorstellung vor einer negativen Zukunft, du weißt nicht, was die Zukunft bringt. Wähle Vertrauen! In dich und in dein Leben. Du fühlst dich gleich sofort besser. Wenn dich die Angst überkommt, spüre sie, vielleicht kannst du hinter die Angst blicken? Möglicherweise ist dahinter ein blockierender Glaubenssatz versteckt.
Hast du gewusst, oder wurde dir das schon bewusst, »dass alle menschlichen Handlungen sich auf tiefster Ebene auf zwei Emotionen reduzieren lassen. Entweder du machst etwas aus der Angst heraus oder aus dem Gefühl der Liebe.«[3] Beobachte dich mal. Wenn du zum Beispiel mehr Aufträge haben möchtest, weil du ja finanziell unabhängig sein möchtest, kommt der Impuls von Angst oder von Liebe. Angst, weil du sonst zu wenig Geld hast, zu wenig Anerkennung, zu wenig materielle Güter, oder kommt es aus Liebe, weil dich der Beruf erfüllt oder weil du Menschen damit glücklich machen willst? Oder ein anderes Beispiel: Du holst Olivia von der Schule ab, aus Angst, damit ihr nichts passiert, oder aus Liebe, um mit ihr gemeinsame Zeit zu verbringen? Oder du lädst Freunde zum Essen ein, aus Angst davor, dass sie sich sonst von dir entfernen, oder aus Liebe, weil du sie gerne siehst und du es genießt mit ihnen Zeit zu verbringen. »Liebe ist die Energie, die sich ausdehnt, sich öffnet, bleibt, teilt, heilt – Angst ist die Energie, die zusammen-

zieht, versperrt, einschränkt, wegrennt, Schaden zufügt.«[3] Hinterfrage deine Handlungen. Mache ich das aus Angst oder aus Liebe? Angst ist ein schlechter Ratgeber. Im besten Fall machst du alles aus Liebe. Und wie du ja schon weißt, die Frequenz die du aussendest, kommt wieder zurück.

Fühl dich umarmt, dein höheres Selbst!

Cordula hat sich mit der Schwangerschaft verändert. Dabei steht ihr nicht der Sinn nach Spaß und Unterhaltung. Sie geht durch einen tiefen Prozess der inneren Betrachtung. Ihre Gelassenheit, ihre Lebendigkeit, ihre Lebensfreude sind auf der Strecke geblieben. Sie ist ernsthafter und nachdenklicher geworden. Sie macht sich Sorgen, hat Selbstzweifel und hinterfragt plötzlich ihre Freundschaften, ihre Beziehung zu Ben und sich selbst. Sie zweifelt sehr an ihrer Ehe. Sie ist enttäuscht von Ben, weil er sich so überhaupt nicht für Cordula zu interessieren scheint. Er ist wirklich nur mit seiner Arbeit beschäftigt. Nach der Arbeit geht er lieber mit Kollegen etwas trinken, anstatt Cordula mit den Kindern zu helfen. Er ist wie ein Einzelgänger in der Familie. Bei Familienfeiern nimmt er kaum an Gesprächen teil, es scheint ihn alles zu langweilen, was außerhalb seines Berufes ist. Es hat manchmal den Anschein, als zöge er eine Mauer um sich herum. Er vermittelt oft den Eindruck, dass er nur körperlich anwesend ist. Auf ihr Nähebedürfnis reagiert er überhaupt nicht. Das ist ziemlich frustrierend für Cordula, und sie ist sich nicht sicher, ob Ben tatsächlich der Mann ist, mit dem sie weiter ihr Leben verbringen will. Aber mit drei Kindern wird es alleine wahrscheinlich etwas schwierig werden.

»Oh Gott, was ist bloß mit meinem Leben passiert? Das ist nicht das Leben, das ich mir gewünscht habe! Früher war alles so einfach, lustig, spontan. Nun ist alles geplant, vorhersehbar. Anderseits, die Krise, in der ich stecke, war nicht vorhersehbar!«, denkt sich Cordula. Ihr Leben fühlt sich schwer an, und sie weiß nicht, wo sie falsch abgebogen ist. Welche Entscheidungen waren nicht ihre, wann hat sie nach den Vorstellungen anderer gehandelt, wann hat der Kopf das Kommando übernommen? Vom Kopf her waren alle Entscheidungen richtig. Was hat sie jetzt davon? Sie führt ein vernünftiges, halbwegs sicheres Leben ohne Magie. »Was will ich in meinem Leben, und was will ich nicht? Wen will ich in meinem Leben und wen nicht? Was ist der Sinn meines Lebens? Oh Gott, jetzt kommen die ganz großen Fragen!«

Mein jüngeres Selbst!

Kopf hoch, du bist mitten in einem Selbstfindungsprozess. Ich glaube, du hast früher eine Menge Zeit mit dem Versuch verbracht, dich anzupassen, und erkennst jetzt, dass das nicht geht. Deine Persönlichkeit, Werte und Bedürfnisse sind für solche Kompromisse nicht geeignet. Probiere einmal das Wertespiel aus. Werte sind der innere Kompass. Es gibt eine Vielzahl an Werten: Familie, Freiheit, Humor, Unabhängigkeit, Abenteuer, Liebe, Authentizität, Loyalität, Freude, Frieden, Güte, Fürsorglichkeit und viele mehr. Wenn du im Einklang mit deinen Werten handelst und lebst, kommt dir dein Leben nicht mehr fremd vor, sondern selbstbestimmt. Leg gleich los, probiere das Wertespiel:
Schreibe dreißig Werte auf dreißig kleine Zettel

und stelle immer zwei Zettel, also zwei Werte, gegenüber. Nachdem du beide Werte gelesen hast, entscheidest du dich für einen der beiden Werte innerhalb von drei Sekunden, also ganz spontan. Dieser Zettel bleibt im Spiel. Der andere Zettel mit dem Wert, der nicht so ansprechend ist, scheidet aus. Irgendwann bleiben drei Werte übrig. Dieses Spiel kannst du auch mit deinen Freundinnen spielen oder mit Ben. Probiere es aus, so lernst du dich und auch andere besser kennen. Du hast dich in den letzten Jahren eher darauf konzentriert, dass es deinem Umfeld gut geht, den Kindern und Ben, und hast vergessen, auf dich zu achten. Du hast dich dabei etwas verloren, deshalb bist du auch im Moment in keiner einfachen Phase. Aber es wird! Und dieser Prozess ist gut, denn dadurch lernst du auf dich und deine Bedürfnisse zu achten. Du musst dich wieder an die erste Stelle setzen, für dich selbst sorgen. Wenn es dir gut geht, wenn dein Fass voll ist, dann kannst du auch geben. Wenn du leer bist, wovon sollst du geben? Du musst dich nicht für andere aufopfern oder ein Leben leben, das sich andere für dich vorgestellt haben. Lebe dein Leben, nach deinen Wünschen und nach deinen Bedürfnissen! Was wäre, wenn du keine Angst hättest, wenn alles möglich wäre, wie würdest du leben? Wie sieht dein wahrhaftiges Leben aus? Denke daran, du bist die Schöpferin deines Lebens, und deine Gedanken, Gefühle, Taten erschaffen dein Leben!

Fühl dich umarmt, dein höheres Selbst

Cordula überlegt, ob sie eigentlich vor der Schwangerschaft so richtig glücklich war. Sie liebt ihre Arbeit, aber seit den Kindern blieb nur wenig Zeit und Engagement dafür. Sie konnte sich nicht hundertprozentig auf die Arbeit konzentrieren. Wie kann man zwischendurch kreativ sein? Früher war sie mit soviel Leidenschaft dabei. Tag und Nacht hätte sie arbeiten können. Jedes Projekt, ob Bürogebäude oder Hotelanlage – alles musste für sie selbst perfekt sein. Das war ihr immer wichtig. Sie wollte nie ein Projekt einfach so abgeben, es musste immer den Vorstellungen der Architekten entsprechen, aber ihre kreative Note, ihre persönliche Handschrift durfte dabei nicht fehlen.

Seit ihre Kinder auf der Welt sind, haben sich natürlich ihre Werte in Richtung Familie verschoben, aber trotzdem wollte sie sich auch beruflich verwirklichen. Wenn sie arbeiten möchte, muss sie extrem viel Vorarbeit leisten. Vorkochen und Kinderbetreuung organisieren, nur damit sie ein paar Stunden in Ruhe arbeiten kann. Ben knallt in der Früh, spätestens um halb acht, die Tür zu und kommt frühestens zwölf Stunden später nach Hause, der muss sich keine Gedanken machen, wie die Kinder in der Zwischenzeit betreut werden.

Das fühlt sich irgendwie nicht fair an. Ben glaubt, er macht genug, weil er das Geld nach Hause bringt, aber für Cordula bedeutet das nichts, weil sie ihr Geld selbst verdienen will. Sie möchte nicht abhängig sein von Ben, aber genau das ist sie, weil Ben der Ernährer der Familie sein möchte. Sie haben komplett konträre Vorstellung von Familie. Er der Ernährer, sie die Hausfrau. Ein Rollenbild wie vor Jahrzehnten. Es ist okay, wenn es für beide okay ist. Aber Cordula ist eine modern denkende Frau, dieses alte Rollenbild passt überhaupt nicht zur ihrer Persönlichkeit, sie leidet darunter. Einerseits möchte sie Familie, sie liebt Ben, möchte mit ihm zusammen sein, aber nicht so. Es scheint, als läuft nichts so richtig rund in ihrem Leben. Alles ist etwas ge- oder erzwungen.

Vielleicht fühlt sich Ben auch unter Druck gesetzt, weil sie unbedingt will, dass er nach Hause kommt, dass er mit der Familie was unternimmt. Aber dieser Druck erzeugt Gegendruck, und Ben weigert sich mitzuspielen. Und Cordula – sie hat das alles bis jetzt verdrängt und unbewusst die glückliche Familie gespielt, weil sie diese unbedingt haben möchte. Aber das ist Fassade, und diese Fassade beginnt nun zu bröckeln. Durch diese Schwangerschaft wird sie gezwungen hinzusehen, weil sie keine Energie hat, das zu überspielen. Sie hat zu lange die perfekte Ehefrau gespielt. Aber irgendwie braucht es auch eine gute Portion Mut, nicht perfekt zu sein – authentisch zu sein und sein Leben nach seinen Bedürfnissen zu leben.

Mein jüngeres Selbst!

Unser Leben besteht aus Versuchen, Irrtümern und Erfolgen. Alles hat seinen Platz. Um etwas zu lernen, muss man Fehler machen. Du hast in deiner Ehe die Harmonie dadurch aufrechterhalten, dass du bestimmte Züge deiner Persönlichkeit unterdrückt oder versteckt hast. Du bist eine moderne Frau, du möchtest eine Ehe auf Augenhöhe führen, das geht aber mit Ben nicht. Denn Ben möchte eine Ehe nach dem klassischen Rollenbild leben. Im Moment setzt sich Ben durch. Dadurch hast du deine Leidenschaften, deinen Beruf, deine Werte wie Freiheit und Unabhängigkeit hintenanstellen müssen, weil du ja gleichzeitig so gestrickt bist, dass du deine Kinder nicht zur Gänze fremdbetreut haben möchtest. Und jetzt wackelt dein ganzes Gerüst, denn mit einem dritten Kind wird natürlich alles komplizierter. Aber nur, weil viele Dinge zwischen euch nicht geklärt sind. Du möchtest nicht nur zu Hause bei den Kindern sein, du brauchst die Abwechslung, und du brauchst das Gefühl der Freiheit, wie andere die Luft zum Atmen. Ben sieht das nicht und versteht auch deine Kämpfe nicht, denn für ihn ist klar, er geht arbeiten, und du kümmerst dich um den Rest, was anderes kann er sich nicht vorstellen, noch nicht. Du musst einen Weg finden, denn wenn du diese Seiten deines Wesens weiterhin unterdrückst, dann dürfte sich diese Ehe als nicht mehr lebensfähig erweisen. Denn du wirst dich immer eingeengt, verletzt oder einfach missverstanden fühlen. Und Ben wird dich nicht verstehen können, weil du ihm das alles nicht anvertraust. Erst wenn dir der Kragen platzt, dann bombardierst du ihn mit Vorwürfen, das ist denkbar schlecht, denn das hilft euch beiden nicht. Er wird nie auf dich zugehen oder bereit für einen Konsens sein, wenn du ihn anpflaumst. Aber wenn du dir selbst treu bleiben willst, musst du einen Weg finden und dich von gewissen Verhaltensweisen befreien. Auch wenn es bedeutet, dass du mit Ben schwierige Diskussionen haben wirst, aber du kannst das nur gemeinsam mit ihm lösen. Wenn du mit Ben glücklich sein willst, musst du ihm deinen Standpunkt klarmachen. Wenn er dich aufrichtig liebt, dann wird er diese wesentlichen Facetten deiner Persönlichkeit akzeptieren können. Die Probleme werden sich nicht von alleine lösen. Warte nicht zu, sonst wird dir das Leben eine Prüfung nach der anderen schicken. Du vergisst immer wieder, du bist die Schöpferin deines Lebens. Du solltest daran arbeiten, alles in deinem Leben zu ändern, was dir nicht entspricht. Ich weiß, all das ist nicht einfach, aber du kannst deine Probleme nicht ignorieren oder ihnen noch größere Sorgen überstülpen. Du musst dich dem stellen, was dich nicht glücklich macht.

Fühl dich umarmt, dein höheres Selbst!

Cordula kann die Geburt nicht mehr erwarten. Sie redet sich ein, dass danach alles gut wird. Als würden sich alle Probleme nach der Geburt in Luft auflösen. Sie gewöhnt sich an ihre Herzaussetzer und das damit verbundene Schonprogramm. Kauft neue Kleidung für das Baby und lässt den Kinderwagen, in dem Olivia und Esther bereits gelegen sind, reparieren. Man merkt ihr die Vorfreude an. Sie wirkt auch wieder agiler.

Im Oktober ist es dann endlich soweit. Louis erblickt das Licht der Welt! Eine komplikationslose, rasche Geburt, exakt zum errechneten Geburtstermin – an einem Sonntag. Passend, denn Louis ist ein unkomplizierter Sonnenschein. Cordula und Louis sind sofort ein Herz und eine Seele. Cordula fühlt sich komplett, die Familie ist komplett. Dieses Gefühl hatte sie bei Olivia und Esther nicht. Anscheinend hat tatsächlich noch ein Familienmitglied gefehlt. Sie könnte den kleinen Kerl die ganze Zeit nur anschauen und an ihm riechen, denn er riecht wie eine frisch geöffnete Dose Nivea. Ein blonder Bursche, mit großen, besonderen Augen. Von ihm geht eine enorme Kraft aus. Er sieht ein wenig aus wie Ben. Olivia und Esther sind total lieb zu ihm und freuen sich, einen Bruder zu haben, das ist etwas Besonderes. Cordula ist glücklich, und Ben irgendwie auch.

Obwohl er sich im Krankenhaus nicht oft blicken lässt. Er ist damit beschäftigt, den Stammhalter ausgiebig zu feiern. Mit seinen Kollegen, mit seinen Freunden, mit seinen Bekannten, gefühlt mit jedem, der ihm über den Weg läuft. An dem Tag, an dem Cordula mit Louis nach Hause kommt, fährt Ben mit seinen vier engsten Freunden nach Wien, um zu feiern.

Das macht Cordula extrem traurig. Die erste Nacht zu Hause hat sie sich anders vorgestellt, als allein mit Louis im Ehebett zu schlafen. Cordula genießt die Zeit mit Louis und versucht Ben zu akzeptieren, wie er nun mal ist. Einen Wermutstropfen gibt es außerdem: Die Herzaussetzer sind nicht verschwunden, was Cordula ziemlich beunruhigt. Die Internistin gibt sich dennoch optimistisch und meint, nach dem Stillen seien sie sicher weg.

Die ersten Wochen mit Louis verlaufen total unkompliziert. Er schläft viel, weint kaum, trinkt brav von der Brust. Cordula liebt den kleinen Kerl sehr. Sie genießt zwar die Zeit mit ihren Kindern, mit Baby Louis, dennoch bleibt der fahle Beigeschmack, dass Ben nicht aktiv ein Teil der Familie ist. Er sondert sich schon wieder ab. Im Moment plagen ihn gesundheitliche Probleme. Er klagt immer öfter über Schlappheit und Schwindel.

Anfangs glaubt Cordula, dass das wegen der unruhigen Nächte ist. Louis schläft natürlich neben Cordula und wacht zwei bis dreimal auf. Ben muss nichts machen, aber vielleicht bekommt er das unbewusst mit und schläft nicht so fest. In der Arbeit wird er ja nicht geschont, nur weil er jetzt Vater von drei Kindern ist.

Auch Cordula ist noch angeschlagen, denn ihre Herzaussetzer sind noch immer nicht weg, auch nicht nach dem Abstillen von Louis. Andererseits wundert sie sich gar nicht, denn die Belastung der letzten Zeit hat natürlich Gelassenheit und Ruhe nicht gefördert. Kurz vor Sommerbeginn sucht sie wieder die Internistin auf.

Leider hat auch die mittlerweile keine Idee mehr und meint nun: »Cordula, Sie müssen damit leben. Mit erhöhtem Puls und mit Herzaussetzern. Mit drei Kindern ist es normal, dass der Puls höher ist. Kommen sie regelmäßig vorbei, damit wir das Herz kontrollieren, ansonsten kann ich nichts für sie tun ...«

Cordula verlässt die Ordination und denkt sich, dass sie damit sicher nicht leben kann. Sie hat einen Ruhepuls von über neunzig Schlägen in der Minute. Das kann nicht gesund sein, und das kann sie auch nicht so einfach hinnehmen. Dazwischen Herzaussetzer und Herzrasen. So kann sie nie wieder Sport ausüben. Und zusätzlich fühlt sie sich innerlich außerordentlich nervös, total unruhig. Sie findet nicht mal Ruhe, ein Buch zu lesen. Das fühlt sich nicht gut an. Nein, das ist nicht das Leben, wie sie es sich vorstellt. Ein getriebenes Leben, aber im Schonprogramm. Kinder versorgen, auf der Couch rumliegen und trotzdem getrieben sein. Nein, danke! Cordula spürt, dass es noch einen anderen Weg geben muss.

Sie versucht, wieder Ruhe in ihren Alltag zu bringen. Sie freut sich auf die Sommerferien. Diese Zeit ist schon immer eine besondere für sie gewesen. Cordula ist nämlich ein Sommermensch. Im Sommer geboren, fühlt sie sich in dieser Jahreszeit am meisten wohl. Manchmal denkt sie sich, sie lebt nur für den Sommer. Auch wenn viele wegen der langen Ferien jammern, es sind immerhin neun schulfreie Wochen.

Cordula liebt diese unbeschwerte Zeit. Sie hat im Sommer wenig zu tun und hat zumindest sechs Wochen am Stück frei. Das berühmte Sommerloch. Früher, am Anfang ihrer Selbständigkeit, konnte sie diese Wochen nicht genießen, denn sie hatte Sorge, dass nach der Sommerpause nur schwer Aufträge zu bekommen seien. Doch nach etwa drei Jahren hat sie gemerkt, dass bereits Mitte August Anfragen gebucht werden. Deshalb kann sie inzwischen die heißen Wochen im Jahr genießen und seit den Kindern noch viel mehr. Da hat sie weder berufliche noch private Termine, sondern lebt nur in den Tag hinein.

Doch dieser Sommer sollte nicht so verlaufen, wie sich Cordula das vorgestellt hat. Anfang Juli, nach ihrem ersten Tag im Freiluftbad, also gleich nach Ferienbeginn, stirbt plötzlich eine sehr gute Freundin und ehemalige Arbeitskollegin. Mit nicht einmal fünfzig Jahren: Kathrin war tot! Cordula wusste zwar von ihren gesundheitlichen Problemen, aber dass es so ernst war, war ihr nicht bewusst.

Cordula und Kathrin kannten sich viele Jahre. Die beiden verband der gleiche Sinn für Humor. Sie konnten stundenlang tratschen und lachen. Als Cordula erstmalig von einem großen, berühmten Architekturbüro in Wien beauftragt wurde, war sie bei den ersten Meetings ziemlich eingeschüchtert. Sie war Anfang zwanzig und war es gewohnt, in einem kleinen Umfeld zu arbeiten. Aber unter den ganzen kreativen Stars am Architektenhimmel war alles auf einmal um vieles größer, gewichtiger und aufregender.

Und ihre erste Projektleiterin war damals Kathrin. Kathrin war gefürchtet, aber das wusste Cordula zu diesem Zeitpunkt noch nicht. Sie ging ganz unbeschwert ins erste Meeting mit Kathrin und bekam gleich die Kälte von Kathrin zu spüren, denn Cordula kam zu spät. Ein Unfall auf der Autobahn hatte einen kilometerlangen Stau verursacht. Aber das war Kathrin egal. Sie war verärgert, denn ihre Zeit war Gold wert. Aber Cordula ließ sich nicht beirren und holte sich einen Kaffee. Es war eh schon egal. Kathrin war so und so verärgert. Aber Cordula konnte charmant sein. Sie nahm Kathrin einen Kaffee und ein Glas Wasser mit und begrüßte sie nochmal.

»Guten Morgen, Kathrin, fangen wir von vorne an. Ich bin Cordula, und ich freue mich, mit dir hier meine erste Visualisierung zu machen. Es tut mir leid, dass ich zu spät gekommen bin, es ist nicht meine Art. Ich werde diese Stunde einholen, das verspreche ich dir. Ich denke schnell, und ich arbeite schnell. Du brauchst dich nicht zu sorgen, dass sich die Visualisierung nicht ausgeht. Mit deiner Hilfe und deiner Mitarbeit schaffe ich das.«

Kathrin war perplex. Damit hatte sie nicht gerechnet. Sie war sogar sichtbar beeindruckt. Sie bedankte sich artig für den Kaffee, und die beiden lieferten eine perfekte 3D-Visualisierung für eine Hotelanlage mit Seezugang ab. Und ab diesem Zeitpunkt war Cordula eine von Kathrin sehr oft gebuchte Visualisiererin. Und Cordula hat sich jedes Mal darauf gefreut. Denn egal welche Themen, beide hatten viel Spaß zusammen. Die Arbeit mit Kathrin hat Cordula geliebt. Sie hat von ihr viel gelernt, über Oberflächen, über verschiedene Details, über Emotionen. Und über den Beruf hinaus hat sich über die Jahre eine schöne Freundschaft entwickelt.

»Kathrin ist heute sanft eingeschlafen.« So lautet die Nachricht, die Cordula von Kathrins Ehemann bekommen hat. Diese Nachricht muss Cordula öfter lesen. Diese Worte hallen noch lange in ihrem Bewusstsein nach.

2

DER EINSCHNITT

Der plötzliche Tod von Kathrin ist für Cordula zu viel. Sie möchte keine Trauer zulassen, sie ist wütend auf Kathrin. »Sie versaut mir den ganzen Sommer!« Cordula weiß natürlich selber, dass sie sich kindisch verhält. Aber der Schmerz ist zu groß, um ihn zulassen zu können. Also verdrängt sie ihn, so gut sie kann. Ab diesem Tag hat sie Herzaussetzer in einer besonderen Intensität und Gänsehaut den Rücken abwärts und Schmerzen im Nacken und Schulter. Täglich, sogar mehrmals täglich, und sie hat einen Haufen an negativen Gefühlen.

Ben ist in dieser Zeit wieder einmal besonders in seinem Job gefordert. Cordula zweifelt mittlerweile immer mehr an der Ehe mit Ben. Irgendwie ist er nie für sie da. Immer mit seinem Job beschäftigt. An erster Stelle kommt seine Arbeit und dann lange nichts. Dann kommen sie und die Kinder. Irgendwie frustrierend. Cordula ist fertig, am Ende. Sie hat nicht einmal die Kraft, zu Kathrins Begräbnis zu gehen. Das schafft sie nicht, dort würde sie womöglich zusammenbrechen. Und sie weiß, dass es für Kathrin nicht wichtig gewesen wäre. Kathrin war nicht sentimental. Der Tod ist das Ende und aus.

Kathrin wollte so viel mehr vom Leben und war zu wenig mutig. Eine Unsicherheit, woher auch immer sie kam, stand ihr im Weg. Dabei trat sie immer so selbstbewusst und eloquent auf. Cordula beneidete sie wegen ihrer Sprache. Kathrin hatte eine Aussprache wie eine Theaterschauspielerin. Schön und klar, und sie hatte einen Wortschatz, ein Wissen, das seinesgleichen suchte.

Kathrin hatte aber auch eine scharfe Zunge. Wenn sie wollte, konnte sie jeden verbal besiegen. Und wenn sie jemanden nicht mochte, dann tat sie das auch. Egal wie groß die Besprechung war, mit Kathrin wollte sich niemand anlegen. Bei Cordula aber zeigte sie ihre sanfte Seite, sie erlaubte sich, ihre Schwächen zu zeigen. Die beiden konnten tiefsinnige Gespräche führen. Über das Leben, über Träume, über Männer, Kindererziehung, Werte, Gesellschaft, den Job, Filme, Schauspieler, Essen, Diäten, Körperkult, Reisen, fremde Länder, Sprachen und über Jude Law.

Und was das schönste war, sie konnten gemeinsam lachen. Stundenlang. Auch über Jude Law. Tatsächlich, wegen Jude Law haben sie einen ganzen Tag lang gelacht. Cordula schwärmte von seinem Aussehen und Kathrin von seinem Talent als Schauspieler.

Kathrin fragte Cordula: »Welcher Film mit Jude Law hat dir eigentlich am besten gefallen?«

Cordula überlegte lange und zeichnete nebenbei weiter. Irgendwann sagte sie: »Ich kenne keinen Film mit Jude Law.« Kathrin meinte erstaunt: »Also wenn ich keinen Film mit Jude Law kennen würde, dann würde ich Jude Law auch nicht kennen!« Kathrin wusste natürlich, dass Cordula regelmäßig Klatschzeitschriften las. Sowas würde Kathrin nie in die Hand nehmen.

Cordula lachte und sagte dann: »Weißt du, Kathrin, die Großmutter von Jude Law ist meine Nachbarin, ich kenne Jude schon ewig. Wir haben als Kinder schon gemeinsam gespielt.«

Das war natürlich ein Blödsinn, aber genau dieser einfache Humor verband die beiden. Und ein paar Monate später, zu Weihnachten, schenkte sie Kathrin ein Bild von der Nachbarin, einer älteren Dame, die stolz ein Foto von Jude Law in der Hand hält. Das Geschenk war eingerahmt und schön verpackt. Jahre später sagte Kathrin, dass das wohl ihr schönstes Geschenk war, das sie je bekommen habe.

Cordula liebte die Zeit mit Kathrin. Kathrin war ihr gegenüber ehrlich, authentisch, verletzlich, liebenswert, schwermütig. Ein Gesicht, das sie nicht jedem gezeigt hat. Kathrin hatte große Träume, sie war unzufrieden im Beruf, sie wollte ein eigenes Büro haben, aber sie hatte nicht die Kraft und den Mut etwas Neues zu beginnen. Deshalb nahm sich Cordula vor, sich von nun an den Herausforderungen des Lebens zu stellen. Mutig ihr Leben nach ihren Bedürfnissen und Wünschen zu gestalten. Ihren Träumen eine Chance zu geben. All das zu leben, was Kathrin nicht geschafft hat. Ihr war aber auch klar, dass das nicht so einfach ist. Sie schärfte sich ein, dass Mut nicht das Gegenteil von Angst ist. Mut ist, trotz der Angst, seinen Weg zu gehen.

Der Sommer verläuft nicht nach Cordulas Vorstellung. Ihre gesundheitlichen Probleme schränken sie immer mehr ein. Sie geht zwar mit den Kindern ins Freibad, ist aber heilfroh, wenn sie ohne große Zwischenfälle wieder zu Hause sind. Sie kann diesen Sommer nicht genießen, zu sehr ist sie mit sich und ihrer Gesundheit – oder besser gesagt ihrer Krankheit – beschäftigt.

Auch mit der Trauer um Kathrin. Neben den Herzaussetzern und dieser lästigen Gänsehaut fühlt sie sich abgeschlagen, müde, energie-, kraft- und antriebslos. Das alles war ihr früher fremd. Cordula ist grundsätzlich eine Frohnatur, die in allem und jedem das Positive sieht. Eigentlich zeichnet sie eher Leichtigkeit aus, aber das Leben, das sie die letzten Jahre führt, ist überhaupt nicht ihres. Ängstlich, kränklich, müde und traurig. Dann liest sie von einem neuen Wundermittel, dem Weizengras. Wenn man es in Wasser auflöst, soll man schon nach ein paar Tagen einen neuen Energieschub spüren. Natürlich bestellt sie gleich ein paar Dosen und verspricht sich davon das Heilmittel für all ihre Probleme. Schon nach dreimaliger Einnahme spürt sie sich tatsächlich energiegeladener, fast aufgedreht. Aktiv und irgendwie auch stark. Sie überredet Ben dazu, das Weizengras auch zu trinken. Ben fühlt sich bald weniger müde, und die beiden glauben fest daran, die Lösung für ihrer beider Probleme gefunden zu haben.

Nach etwa einem knappen Monat ist Cordula derart energiegeladen, dass sie überhaupt keine Ruhe mehr findet. Weder am Tag noch in der Nacht. Sie kann plötzlich nicht mehr schlafen oder höchstens zwei Stunden am Stück. Sie ist tagsüber aufgedreht, aber gleichzeitig müde und nicht bei sich. Es entsteht ein neuer Teufelskreis. Ben kann sehr gut durchschlafen, aber er ist aggressiv und in Streitlaune. Eigenartig.

Dieses »Wundermittel« kommt in den Abfall, und für Cordula ist das der letzte notwendige Weckruf. Es gibt kein Wundermittel, sie muss sich all ihren Problemen stellen. Sie beschließt, sich helfen zu lassen. Allein kommt sie aus dieser Negativspirale nicht mehr heraus. Die Herzaussetzer plagen sie enorm. Am meisten aber mental. Cordula funktioniert nicht mehr und ihr Körper, vor allem ihr Rücken, brennt.

Mein jüngeres Selbst!

Ich habe mich nun eine Zeit lang nicht gemeldet, weil ich mir ansehen wollte, wie viel in deinem Leben passieren muss, bis du zur Vernunft kommst und dein Leben nach deinen Bedürfnissen gestaltest. Du hast noch immer nicht mit Ben geredet, glaubst du wirklich, dass sich die Probleme von alleine lösen? Nichts löst sich von alleine. Albert Einstein hat schon gesagt: »Die reinste Form des Wahnsinns ist es, alles beim Alten zu belassen und gleichzeitig zu hoffen, dass sich etwas ändert.« Noch einmal, du bist die Schöpferin deines Lebens. Ich glaube, du hast das noch immer nicht verstanden. Ich versuche es dir nun ausführlicher zu erklären: Wir haben zwei Möglichkeiten, unser Leben zu leben. Als Opfer oder als Schöpfer. Das Opfer denkt, alle sind schuld, dass dies und jenes nicht funktioniert, dass es nicht geliebt wird, dass es keine Unterstützung bekommt, dass es das nicht kann, was andere können, und so weiter. Opfer fühlen sich eher im Recht. Reden über andere Menschen, kritisieren, machen andere für ihre Fehler verantwortlich. Haben Ansprüche, die andere erfüllen sollen. Sie fürchten Veränderungen. Opfer agieren aus einem Mangel heraus, leben eher passiv. Das Opfer befindet sich immer in einer Abhängigkeit und lebt fremdbestimmt.

Der Schöpfer hingegen weiß, dass er sein Leben in der Hand hat. Er ist seines Glückes Schmied. Er akzeptiert Lebensumstände, sagt Ja, leistet nicht Widerstand, sondern kann auch negative Situationen annehmen und nach einer Lösung suchen. Er agiert daher lösungsorientiert und optimistisch. Redet über Ideen als über andere Menschen. Der Schöpfer übernimmt Verantwortung für seine Fehler, steckt sich Ziele und setzt diese Schritt für Schritt um. Er lebt selbstbestimmt. In Fülle. Er braucht nicht, er gibt.

Cordula, nimm dein Leben wieder in deine Hand, es entgleitet dir immer mehr. Wenn du deine Probleme nicht löst, war die Krise in der Schwangerschaft nur der Anfang. Sieh nicht weg, dann wartet auf dich das beste Leben.

Fühl dich umarmt, dein höheres Selbst!

3

DER STARTSCHUSS

Cordula braucht Hilfe – nicht von Ben, nicht von ihren Freunden, sondern professionelle Hilfe. Sie will die Regisseurin ihres Lebens sein, und sie will versuchen, Schritt für Schritt in ihr altes Leben zurückzufinden. In ihr altes Leben? Das klingt aber nicht so verlockend. Cordula fühlt, dass es da noch mehr gibt. Ein Mehr an guten Gesprächen, tiefsinnigen Freunden, mehr an Abenteuer, sinnvollen Tätigkeiten …

In ihrer Not kontaktiert sie einen Homöopathen, den ihr eine Freundin irgendwann mal empfohlen hat. Cordula weiß zwar nicht, wie ein Homöopath arbeitet, sie kennt Globuli, diese kleinen Kügelchen als Alternative zu Medikamenten, aber was Homöopathen wirklich machen, weiß sie nicht. Sie macht sich auch nicht groß Gedanken darüber und vereinbart sofort einen Termin, bekommt den auch noch kurzfristig und freut sich sehr darauf.

An einem ungewöhnlich heißen Spätsommertag fährt sich nach Wien in die Josefstadt zu einem Homöopathen und Allgemeinmediziner. Die Stadt ist aufgeheizt, der Asphalt und die Fassaden strahlen zusätzlich Wärme ab. Cordula geht nervös und schon leicht schwitzend zum Termin. Sie hat keine Ahnung, was auf sie wartet. Sie hofft, dass der Arzt ihr diese Kügelchen gibt und diese Herzaussetzer endlich verschwinden. Ganz so einfach ist es dann doch nicht.

Es erwartet sie ein gutaussehender Mann, etwas jünger als Cordula. Das Erstgespräch dauert knapp zwei Stunden. Der Arzt stellt ihr Fragen von ihrer Geburt an bis heute. Sehr einfühlsam. Er will immer wissen, wie sie sich gefühlt hat. Gefühle und Emotionen stehen im Vordergrund. Ein sehr anstrengendes, forderndes Gespräch, aber sie fühlt, dass der Ansatz ein guter ist. Der Arzt meint am Ende des Gesprächs,

Cordulas Herzaussetzer sind unterdrückte Ängste. Sie würde keine Angst spüren, weil sie es nicht zulässt, meint er. Deshalb sucht sich die Angst einen anderen Weg, ein Ventil. Bei Cordula sind es Herzaussetzer und Verspannungen im Rücken und Nacken. Außerdem habe sie eine schwierige Beziehung zu ihrer Mutter, denn die Abnabelung habe nicht stattgefunden. Daher auch ihre Rückenprobleme. Sie würde unbewusst das Leben nach den Wünschen ihrer Mutter leben, um Liebe und Anerkennung zu bekommen. Aber es ist nicht das Leben, das für Cordula gut sei und ihrer Bestimmung entspreche.

So hat sie es zumindest verstanden. Der Arzt ist guter Dinge, dass Cordula ihr Leben wieder in den Griff bekommen würde, verschreibt ihr Globuli in hoher Potenz und vereinbart einen weiteren Termin in einem Monat. Cordula verlässt die Praxis schweißgebadet und um gefühlt zwanzig Kilo leichter.

Cordula fährt eine gute Stunde mit dem Auto nach Hause. Zeit, um das Gespräch Revue passieren zu lassen. Es kommt ihr alles so surreal vor. Die Herzaussetzer sollen psychosomatisch sein? Wie kann der Körper so reagieren? Unvorstellbar, dass Ängste – bewusst oder unbewusst – und Emotionen körperliche Beschwerden hervorrufen können. In dieser Intensität. Unvorstellbar.

Mit der nichtvollzogenen Abnabelung von der Mutter wird er wohl recht haben. Es stimmt, sie und ihre Mutter hatten schon immer ein sehr enges Verhältnis. Als einzige Tochter hatten sie eine besondere Verbindung, aber gleichzeitig keine einfache. Ihre Mutter war eine sehr liebevolle Frau. In Cordulas Kindheit hat sie mit ihr und ihren Brüdern stundenlang gespielt. Tag für Tag. Das war ihr nie zu langweilig, sie hat das regelrecht geliebt. Sie konnte extrem gut kochen und backen wie keine zweite. Sie hat immer für ein gemütliches, warmes Heim gesorgt.

Aber ihre Mutter wiederum hatte keine sorglose Kindheit und mit Cordulas Vater eine nicht immer einfache Beziehung. Obwohl Cordulas Vater ein warmherziger Mann ist. Leider hatten die beiden keinerlei Unterstützung von ihren Herkunftsfamilie, denn beider Eltern sind schon früh verstorben. Sie hatten weder finanzielle noch emotionale Hilfe. Und das hat ihnen das Leben enorm erschwert. Cordulas Vater hat sehr hart gearbeitet, um die Familie ernähren zu können. Und ihre Mutter war viel zu Hause bei den Kindern. Ganztägige Kinderbetreuung war damals im ländlichen Raum nicht vorhanden. Und mit der Zeit, mit all ihren Enttäuschungen vom Leben, ist aus der warmherzigen, jungen, energiegeladenen, lebenslustigen Frau eine vom Leben gezeichnete Frau geworden.

Als Drittgeborene waren Cordula und Claus noch zu Hause, als ihre großen Brüder schon aus dem Haus waren. Deshalb erlebte sie die Veränderungen ihrer Mutter mit. Früher waren immer Gäste im Haus, jeden Sonntag waren unzählige Familienmitglieder und Freunde zu Besuch. Das waren so schöne Zeiten. Immer war etwas los. Auch unter der Woche war fast jeden Tag Besuch im Haus. Viele kamen, um Eier oder Gemüse zu kaufen, manche kamen einfach zum Tratschen. Es gab immer frisch gebackene Mehlspeisen. Cordulas Elternhaus war ein offenes Haus. Jeder war willkommen. Alles in allem hatten Cordula und ihrer Mutter viel Zeit miteinander, schöne Zeiten, aber auch sehr eintönige, trostlose Zeiten. Sie konnten viel lachen, über vieles reden, aber tiefgründige Gespräche, über das Leben, über Träume und Ziele, konnte sie nicht mit ihrer Mutter führen.

Ihre Mutter wollte für Cordula ein komfortables Leben, einen tollen Mann mit einem sicheren Einkommen, Kinder und ein gemütliches Heim. Kein wahnsinnig aufregendes Leben, aber ein behütetes. Nicht so verlockend für Cordula, denn in ihr steckte auch die Rebellin, die sich nach einem intensiven, aufregenden Leben sehnte. Mit Tiefen und vielen Höhen. Mit Abenteuern, mit fremden Kulturen, mit interessanten Menschen – ja, sie erwartete viel vom Leben.

Eine Freundin sagte mal zu ihr, als sie schon mit Ben zusammenlebte und ihre Kinder hatte: »Cordula, ich glaube, du willst einfach zu viel vom Leben. Du hast einen tollen Mann, ihr könnt miteinander reden, es gibt gar nicht so viele Paare, die sich noch intensiv austauschen. Ihr habt viel Zeit, auch zu zweit. Wer hat das schon? Du hast gesunde Kinder, ein tolles Haus, einen abwechslungsreichen Beruf. Du hast eine Mutter, die dich unterstützt, dir hilft. Du hast Freunde, die immer zu dir halten. Ein eigenes Einkommen. Was willst du noch? Dein Kühlschrank ist voll, dein Auto ist getankt, und trotzdem bist du nicht zufrieden. Du willst zu viel.«

Mein jüngeres Selbst!

Einen hohen Anspruch an sich selbst zu haben, ist ein Ausdruck von Liebe zu sich selbst, denn damit erlaubst du dir, nur das Beste für dich zu akzeptieren und nicht weniger. Du verkaufst dich nicht unter deinem Wert. Du bist hier, um dich vollkommen zum Ausdruck zu bringen, so wie du bist, und mit dem, was dich begeistert. Steh zu dir und zu deinen Werten! Ich habe dir schon einmal gesagt, das ist keine Art von Egoismus, das ist Fürsorge und Liebe zu sich selbst. Und senke auf keinen Fall deinen Standard für andere, die Angst vor deinem Anspruch haben. Der Anspruch an dich ist nichts, wofür du dich schämen oder entschuldigen musst. Du verdienst das Beste. Du verdienst allen Erfolg, alle Liebe, alle Lebensfreude, die du möchtest. Du trägst noch einen Rucksack mit vielen Steinen mit, die dir gar nicht gehören. Lege Stein für Stein aus dem Rucksack und nimm nur das mit, was dir gehört. Und dann sieh dir deine Steine an, wähle wieder aus und nimm nur die mit, die du für deinen weiteren Weg brauchst. Mit leichtem Rucksack reist es sich einfacher! Oder anders ausgedrückt, wenn du fliegen willst, musst du die Sachen loslassen, die dich runterziehen.

Fühl dich umarmt, dein höheres Selbst!

Die Globuli in hoher Potenz kommen schon nach ein paar Tagen bei ihr an, und Cordula freut sich wie ein kleines Kind. Sie weiß, dass sich nach der Einnahme die Beschwerden verschlimmern können – ein gutes Zeichen, denn dann spricht der Körper darauf an. Nach vierzehn Tagen sollte das Gröbste überwunden sein, und danach wird die Potenz Schritt für Schritt verringert. Der Arzt rät ihr auch dazu, alle Gefühle, die hochkommen, zuzulassen. Jede Emotion muss gelebt werden. Und jede Emotion kommt und geht. Nichts bleibt ewig. Man soll die Emotion auch gar nicht bewerten. Schon gar nicht negative Gefühle wie Trauer, Angst, Verzweiflung. Cordula hat nun das Gefühl, den richtigen Weg einzuschlagen und nicht im alten Trott festzusitzen, denn das hat sie lange genug getan, wobei alles sukzessive schlimmer wurde. Sie ist positiv gestimmt, wie immer, wenn sie etwas Neues ausprobiert und sich Herausforderungen stellt. Das liebt sie.

Cordula beginnt gleich mit der Einnahme der Globuli. Sie muss jetzt täglich auf nüchternen Magen fünf Kügelchen auf der Zunge zergehen lassen. Danach sollte sie zehn Minuten nichts essen oder trinken und auch nicht Zähne putzen. Zuerst merkt sie nichts, doch nach drei bis vier Tagen hat sie vermehrte Herzaussetzer. Die Kinder sind zu dieser Zeit Gott sei Dank auf Kurzurlaub bei Bens Mutter. Eigentlich wollten Ben und sie die Zweisamkeit genießen und wieder gemeinsam Sport machen, unbeschwert essen gehen, sich wieder intensiv austauschen und die Herbstsonne genießen. Aber diesmal ist es Cordula, die viel zu sehr mit sich beschäftigt ist. Unglaublich, diese Herzaussetzer. Sie fühlt sich kraftlos und würde am liebsten die ganze Zeit im Bett verbringen. Es vergehen keine drei Minuten ohne einen Herzaussetzer oder ganz vielen Herzaussetzern hintereinander. Danach hat sie immer ein leichtes Schwindelgefühl. Anscheinend braucht der Köper einige normale Herzschläge, um wieder ganz auf der Höhe zu sein. Aber nach der Einnahme der Globuli hat sie kaum mehr rhythmische Herzschläge. Viel schlimmer, als sie sich das vorgestellt hat.

Hinzu kommt noch eine emotionale Achterbahnfahrt. Es kommen Gefühle aus ihrer Pubertät hoch: Unsicherheit, Scham, Angst vorm Alleinsein und vieles mehr. Sie fühlt sich irgendwie verloren, vor allem, wenn Ben nicht bei ihr ist. Danach versucht sie, positiv zu bleiben, positiv zu denken und positiv zu handeln. Aber sie ist schwach, unsicher, und kraftlos. Sie fühlt sich unwohl. Unglaublich, die Wirkung dieser kleinen Dinger. Sie zählt die Tage, die Stunden. Sie würde am liebsten durchschlafen und nach zwei Wochen wieder aufwachen. »Gut, dass ich das vorher nicht gewusst habe, sonst hätte ich es wahrscheinlich nicht gemacht«, denkt Cordula.

Nach etwa vierzehn Tagen wird es langsam, aber stetig besser. Die Herzaussetzer sind noch immer da, aber viel seltener. Cordula ist wieder guter Dinge und möchte nun alles anpacken, um ihre gesundheitlichen Probleme in den Griff zu bekommen. Ihr war nicht bewusst, wieviele Probleme sie hat.

Als nächstes plant sie einen Besuch bei einem Masseur oder Physiotherapeuten, einem Spezialisten für Rückenprobleme, denn ihre Verspannungen im Nacken und die Schmerzen im oberen Rücken müssen wirklich langfristig gelöst werden. Manchmal hat sie das Gefühl, dass kein Sauerstoff in den Kopf gelangen und es ihr schwerfällt, sich zu konzentrieren. Immer wieder hat sich auch leichten Schwindel. Sie fühlt sich längst nicht fit, egal wieviel sie sich bewegt.

Wie so oft, wenn man Entscheidungen trifft, öffnen sich auch Türen. Ein Arbeitskollege von Ben, der auch immer wieder Rückenprobleme hat, schwärmt von seinem neuen Masseur, der mit einer Methode arbeitet, die Liebscher & Bracht heißt. Ben erzählt Cordula davon beiläufig, sie hat zwar noch nie etwas von Liebscher & Bracht gehört, aber ein guter Masseur ist schon mal gut, und Cordula vereinbart sofort einen Behandlungstermin.

Der Herbst entfaltet gerade seine bunte Pracht, als sie mit Louis, der überall mit dabei ist, seine Ordination betritt. Louis schläft wie immer, nun im Kinderwagen im Innenhof der Praxis. Christoph heißt der Masseur, er ist ein netter Typ, ein Jahr jünger als Cordula und wirkt sehr engagiert. Er sieht sich Cordulas Wirbelsäule genauestens an, macht mit ihr einige Übungen, und danach betrachtet er den ganzen Körper. Im Stehen, in der Bewegung, im Sitzen und bei kleinen Verrenkungen. Er sagt nicht viel. Cordula mag nicht, wenn sie so angestarrt wird, und wird unsicher.

»Ist bei mir Hopfen und Malz verloren, oder warum sagst du nichts?«

»Nein, Hopfen und Malz ist nicht verloren.«

Mehr kommt von Christoph nicht zurück. Alles klar, das kann ja heiter werden, denkt sich Cordula. Nach langer Schweigepause beginnt er endlich mit der Behandlung, es ist keine wohltuende Massage, eher eine schmerzhafte Angelegenheit. Er beginnt beim Brustbein vorne und drückt in jeden einzelnen Verspannungspunkt, und Cordula soll den Schmerz in Zahlen ausdrücken. Null für kein Schmerz und zehn, wenn der Schmerz nicht mehr auszuhalten ist. Er drückt, bis der Schmerzpunkt acht oder neun erreicht ist, einige Sekunden, die aber wie Stunden wirken, und irgendwann löst sich die Verspannung. Bei wenigen Verspannungspunkten sicherlich eine gute und auch befreiende Möglichkeit, aber bei Cordulas großflächiger Verspannung ist das eine große Herausforderung.

Der Schmerz fühlt sich auch unterschiedlich an, mal brennend, mal stechend, mal ziehend, mal dumpf, mal zum aus der Haut Fahren. Nach etwa einer Stunde, einer gefühlten Ewigkeit, ist das Martyrium vorbei. Cordula trinkt ein Glas Wasser im Sitzen und steht langsam auf. Sie fühlt sich offener im Brustbereich, sie kann sich mehr nach hinten dehnen. Ihr Bauchgefühl sagt ihr, dass die Liebscher & Bracht-Methode ein guter Weg sein könnte. Wahrscheinlich aber auch ein langwieriger. Am Anfang muss sie einmal in der Woche zu Christoph in die Praxis.

Nach einigen Behandlungen empfiehlt ihr Christoph, dass sie sich zusätzlich von seinem Freund, einem Therapeuten, der Atlas-Prophylaxe anbietet, behandeln lassen sollte.

»Wir werden uns abstimmen, um bessere und eventuell schnellere Ergebnisse erzielen zu können.«

»Okay, schneller klingt gut! Dann mache ich einen Termin bei ihm.«

Cordula vertraut Christoph und fragt nicht mal nach, was Atlas-Prophylaxe bedeutet. Sie vereinbart einen Termin, geht hin und fühlt sich bei Emil gut aufgehoben. Ein bodenständiger, sehr einfühlsamer Mann, der sich mit alternativen Therapien gut auskennt. Cordula war noch nicht einmal richtig im Behandlungsraum angekommen, und Emil hat sofort gewusst, wie sich Cordula ernährt und welche körperlichen und mentalen Beschwerden sie hat.

»Du solltest Milchprodukte weglassen. Dein Körper wird dadurch verschleimt.«

Cordula liebt Milchkaffee! Ein Morgen ohne ihren Café Latte kann und will sie sich nicht vorstellen. Sie hat schon öfter gehört, dass Milch nicht so gesund ist, wie alle denken, aber die pflanzlichen Alternativen schmecken ihr nicht so gut. Trotzdem hört sie ihm weiter zu.

»Außerdem solltest du auf Schweinefleisch verzichten, Fleisch überhaupt nur an wenigen Tagen und dann von guter Qualität. Mehl? Cordula, isst du Weizenmehl?«

»Naja, Emil, ja schon, du nicht?«

»Nein, ich esse kein Mehl. Mehl ist nicht bekömmlich. Vor allem Weizenmehl.«

»Aber was isst du dann?«

»Ich esse Obst und Gemüse.«

War ja klar, deshalb sieht er auch so gut aus.

»Und Körner, Nüsse, Sprossen.«

»Hm, klingt ja köstlich – und sonst?«

»Viele Suppen, ich esse gerne Suppen, Gemüsesuppen in allen Varianten.«

»So viele Varianten kenne ich gar nicht, eine klare Gemüsesuppe und eine Minestrone, was gibt es sonst noch?«

»Ach, ganz viel, Cordula, Brokkolisuppe, Zucchinisuppe, Kartoffelsuppe, Tomatensuppe, Blumenkohlsuppe, Karottensuppe mit Ingwer.«

»Ah ja, an die Suppen habe ich jetzt gar nicht gedacht. Also Suppen, Sprossen und Nüsse. Klingt ja gut. Sonst noch was, Emil?«

»Ja, ich esse Fisch und ab und zu Fleisch, aber nur weißes Fleisch, und wirklich nur selten, und dann nur regionales Fleisch. Kohlenhydrate esse ich in Form von Reis, am besten Vollkornreis, Kartoffeln, Quinoa, Süßkartoffeln, aber keine Nudeln.«

»Hm ... Ja, Emil, klingt toll, aber ich liebe die italienische Küche, und ohne Mehl schaut es da schlecht aus. Ich koche viel, ich habe bis jetzt immer gedacht, dass ich mich gesund ernähre. Ich koche abwechslungsreich, nehme keine Fertigprodukte, würze mit frischen Kräutern, verwende hochwertige Öle. Natürlich esse ich auch Schweinebraten, Schnitzel oder Grillhendl. Aber das ist nicht die Regel, sondern die Ausnahme, und ich verstehe nicht ganz, wo du das an mir siehst. Außerdem wusste ich nicht, dass ich bei einer Ernährungsberatung bin.«

Jetzt meint sie, es ihm gesagt zu haben. Sie isst gesund und sieht auch nicht so schlecht aus.

»Cordula, verstehe mich bitte nicht falsch. Du möchtest gesund werden, du möchtest einen gesunden Körper haben. Das sind Ratschläge von mir. Zu mir kommen so viele Leute, die gesund sein wollen, aber die wollen auf ihr geliebtes Bier und das Schweineschnitzel nicht verzichten. Ich soll Wunder bewirken, während sie normal weiterleben. Das geht nicht. Und wenn ich dich ansehe, du hast Bauchfett, das sehe ich sogar durch dein Shirt, und ich weiß einfach, dass du das noch optimieren kannst. Aber es ist deine Sache, deine persönliche Angelegenheit. Nur, ich allein kann keine Wunder bewirken, ich kann dir nur helfen. Ich kann dir für deinen Körper nur einen Anstoß geben. Du musst selbst die Kraft aufbringen, um den Teufelskreis zu verlassen. Sonst sind die positiven Auswirkungen meiner Behandlung auch nicht von langer Dauer.«

Bauchfett? Wovon spricht er? Ja, klar, er hat ja recht, aber es fällt ihr schwer, das zuzugeben. Natürlich isst sie nicht immer gesund, wer macht das schon? Ab und zu auch einen Burger oder einen Kebap. Sie trinkt auch gerne ein gutes Achterl Wein oder ein Glas Bier. Wein soll ja gut für das Herz sein, und Bier, dank der enthaltenen Mineralstoffe, ist das beste Getränk nach einer langen sportlichen Aktivität wie Wandern oder Radfahren. Zumindest hat sie das bis heute gedacht. Irgendwie schmeckt ungesundes Essen besser als gesundes. Kurzfristig eine Wohltat, langfristig schlecht. Aber das sagt sie ihm nicht. Egal, er sieht es eh, wo auch immer. Wie kann er sie nur so gut analysieren, ohne dass sie sich kennen. In dieser kurzen Zeit? Emil lässt nicht locker.

»Kann es sein, dass du mit deinem Herz Probleme hast und du unter Kopfschmerzen leidest?«

Cordula schaut ihn verdutzt an. Das geht aber jetzt zu weit. Wie kann er das wissen? Das mit den Kopfschmerzen hat sie nicht mal Christoph erzählt. Ja, sie hat Kopfschmerzen, Migräne, einmal im Monat liegt sie für einen oder zwei Tage im Bett, weil sie so starke Kopfschmerzen hat, dass ihr ganz übel ist. Das ist schlimm und unangenehm, sie dachte, das sei hormonell bedingt. Deswegen hat sie es einfach als normal angenommen und darüber gar nicht viel gesprochen.

Emil wird ihr immer unheimlicher. Aber er hat eine so nette Art, dass sie neugierig ist. Emil macht mit ihr ein paar Körperübungen, stellt fest, dass ihre Beine unterschiedlich lang sind, dass sie ab der Hüfte leicht schief ist, dass ihr Rücken eine S-Krümmung hat, sie einen Rundrücken und gleichzeitig ein Hohlkreuz hat. Nicht gerade angenehm für Cordula, ihre Mängel so präsentiert zu bekommen. Sie fühlt sich elend. Dick und mit schlechter Körperhaltung. Emil sagt eine Weile nichts, dann holt er tief Luft.

»Wir kriegen das schon hin, Cordula, das wird wieder. Wir bekommen dich gerade. Aber bitte denk daran, es geht nur mit deiner Hilfe.«

Für Cordula sind diese Worte wie Balsam auf ihrer Seele. Endlich glaubt jemand an sie. An die Fähigkeit, dass ihr Körper gesund werden kann. Bei Emil fühlt sie sich gut aufgehoben. Er kann ihr helfen. Emil empfiehlt ihr eine Altlas-Korrektur, denn ohne die hat sie keine Chance, einen geraden und schmerzfreien Rücken zu bekommen. Und nebenbei motiviert er sie auch, regelmäßig ihren Rücken zu trainieren, denn ihre Rückenmuskulatur ist praktisch nicht vorhanden. Einfache Übungen, ohne Gewichte. Leicht hüpfen, Arme kreisen, das reicht fürs Erste. Cordula muss lachen, weil diese Übungen beim durchtrainierten, drahtigen Emil aussehen, wie Turnübungen für Kleinkinder.

»Cordula, du musst klein anfangen. Du darfst auf keinen Fall mit Gewichten arbeiten, damit machst du alles nur noch schlimmer!«

Cordula lässt sich auf das Abenteuer ein und lässt sich weiter von Emil behandeln. Der Atlas ist der oberste Halswirbel und das Bindeglied zwischen Kopf und Körper. Wichtige Energiebahnen führen durch ihn hindurch. Die Behandlung ist vollkommen schmerzfrei und angenehm. Nach der Behandlung fühlen sich für Cordula alle Wirbel an, als wären sie in der richtigen Position. Der Rücken fühlt sich gerade an. Seit diesem Tag hat Cordula so gut wie keine Kopfschmerzen mehr. Nur dann noch, wenn sie am Vorabend Wein getrunken hat. Aber das ist eine andere Geschichte.

Cordula fühlt sich seit der Atlas-Korrektur körperlich wohler, aber sie hat absolut nicht damit gerechnet, dass in den Verspannungen Emotionen festsitzen, Emotionen aus der Vergangenheit. Richtet sich die Wirbelsäule langsam auf, und begleitet man den Prozess auch mit gezielten Massagen, lösen sich hartnäckige Verspannungen auf, und man fühlt alte Emotionen noch einmal.

Kurz nach den Behandlungen von Emil und Christoph fühlt sich Cordula immer befreiter und besser. Doch ein zwei Tage später merkt sie, wie sie in ein mentales Loch fällt, das ein paar Tage anhält und in denen sie extrem sensibel ist. Sie spürt viele Emotionen, vor allem negative. Wie auch schon bei der Einnahme der Globuli. Es kommen viele Ängste hoch, die Angst vor Einsamkeit, Zurückweisung, Ablehnung und die Angst vor der Angst. Gleichzeitig spürt sie aber auch eine Befreiung. Durch die körperliche Aufrichtung erfolgt auch eine gewisse Öffnung der Geisteshaltung. Und auch der Wunsch nach der endgültigen Abnabelung von der Mutter wird größer.

Cordula hat zusätzlich zu den mentalen Problemen mit extremen Magenschmerzen zu kämpfen. Cordula hat seit vielen Jahren Probleme mit Sodbrennen und Reflux. Aufstoßen von saurem Mageninhalt, salziger Geschmack in Mund und Rachen. Brennende Schmerzen im Bereich der Speiseröhre, Heiserkeit oder Schluckbeschwerden. Diese Symptome kommen, wenn sie bestimmte Lebensmittel isst, aber auch bei psychischem Druck und in extremen Stresssituationen. Es fühlt sich an wie Traurigkeit, sie spürt einen Kloß oder einen Krümel im Hals. Ungut, richtig ungut. Sie muss an die Worte von Emil denken, dass Milch Schleim produziert. Das hat sie komplett verdrängt. Auch das »böse« Mehl und Fleisch!

Vielleicht sollte sie nun endlich ihre Ernährung umstellen. Die Magenprobleme zeigen ihr das, aber dafür fehlt ihr im Moment die Kraft und Energie. Das ist ein Prozess, es geht nicht alles auf einmal. Schritt für Schritt. Cordula versucht, ihren Kopf, der schon wieder alles auf einmal will, zu bremsen. Sie ist zu ungeduldig. Das war sie schon immer. Wenn sie sich etwas in den Kopf gesetzt hat, musste das sofort sein. Immer ein bisschen mit dem Kopf durch die Wand.

Alles kommt zu seiner Zeit. Louis ist mittlerweile über ein Jahr alt und nicht mehr ganz so ruhig, eher quirlig und immer gut aufgelegt. Er ist eine wahre Frohnatur. Er plaudert schon, krabbelt fleißig, selbständig laufen mag er überhaupt nicht, und er ist lustig. Er lacht viel und ist nur schlecht gelaunt, wenn er Hunger hat oder wenn er krank ist.

Cordula stellt sich weiter tapfer ihren körperlichen Problemen, dafür treten die psychischen umso stärker hervor. Die verdrängte Trauer um Kathrin kommt immer wieder hoch, und sie beschließt, sie nun zuzulassen, verdrängen funktioniert eh nicht. Sie war bis jetzt noch immer nicht bei ihr am Friedhof. Sie redet aber oft mit ihr, mit Blick Richtung Himmel. Cordula hört noch das laute Lachen von Kathrin. Sie fehlt ihr. Sie trifft sich oft mit anderen Freundinnen zum Laufen, um auf andere Gedanken zu kommen, aber so recht kann sie das nicht aufheitern. Cordula fühlt sich im Moment unverstanden.

Sie ist in einer speziellen Lebensphase, die niemand in ihrem Umfeld nachempfinden kann. Die meisten würden sich mit Shoppen ablenken oder viel ausgehen. Aber das möchte Cordula nicht. Das bringt ihr nichts. Shoppen stresst sie nur, und sie möchte auch nicht ausgehen. Sie wäre im Moment für niemanden eine gute Gesellschaft.

Cordula zeigt nicht gerne, wenn es ihr nicht gut geht. Da würde sie sich am liebsten im Bett verkriechen. Ben möchte trotzdem einen Tapetenwechsel und bucht ein Wochenende in einem schicken Hotel in Linz, um dort auch Freunde zu besuchen. Cordula freut sich, dass Ben endlich auch initiativ wird und versucht, ihr zu helfen, und die Aussicht, die Linzer Freunde wiederzusehen, freut sie auch.

Aber genau an dem Wochenende, an dem die Familie nach Linz aufbrechen will, bekommt zuerst Olivia einen Magen-Darmvirus, steckt dann natürlich Esther und Louis an und zu guter Letzt auch Ben. Oh, nein! Alle Betten, alle drei Toiletten im Haus sind vollkommen verschmutzt. Übler Geruch im ganzen Haus. Cordula weiß nicht mehr ein noch aus. Das darf doch nicht wahr sein! Sie kommt einfach nicht aus der Negativspirale heraus. In ihrer Verzweiflung trinkt sie am Abend, nachdem alle Toiletten geputzt und alle Betten mit frischer Wäsche überzogen sind, eine Flasche Wein und versinkt in Selbstmitleid. Irgendwie funktioniert alles nicht so, wie sie sich das vorgestellt hat. Das Leben ist gegen sie. Sie strengt sich an, gibt ihr Bestes, aber kaum freut sie sich auf etwas, kommt das nächste Problem. Sie fühlt sich als Opfer, die ganze Welt ist schlecht.

Ihr Selbstmitleid gibt ihr auch keine Auskunft. Warum nur hat sie so viele Probleme – körperliche, mentale? Warum fühlt sich ihr Leben so schwer an, während andere durch ihr Leben zu schweben scheinen? Warum muss sie soviel machen, um sich gut fühlen zu können? Andere fühlen sich einfach so gut, ohne dass sie extra etwas machen müssen. Ungerecht, das Leben ist ihr gegenüber einfach nur ungerecht. Sie macht sich das Leben selbst schwer. Sie legt sich wütend, betrunken und frustriert ins Bett, am liebsten würde sie sich in Luft auflösen. Ben leidend neben ihr. Sie steht wieder auf und schläft auf der Couch im Wohnzimmer.

Mein jüngeres Selbst!

Du sollst wissen, ich bin sehr stolz auf dich. Du bist auf einem sehr guten Weg, und du spürst immer wieder, der Weg, den du eingeschlagen hast, der stimmt. Das ist gut. Du stellst dich nun deinen körperlichen Problemen, unweigerlich tauchen die psychischen auf, und dann wirst du dich wohl oder übel auch mit deiner Seele beschäftigen müssen. Alles hängt zusammen: Körper, Geist und Seele. Alles kommt in der für dich richtigen Zeit, in dem für dich richtigen Tempo. In Rückschlägen finden wir die größte innere Stärke.

Fühl dich umarmt, dein höheres Selbst

Am nächsten Tag wacht sie früh auf, Ben und die Kinder schlafen noch, und sie fühlt sich anders. Sie fühlt sich stark, voller Energie und Tatendrang. So kraftvoll wie schon lange nicht mehr, zufrieden, wohlig. Sie kann es gar nicht in Worte fassen. Sie hat ganz untypisch nicht mal mehr Kopfschmerzen, obwohl sie allein eine ganze Flasche Wein getrunken hat. Sie fühlt sich, als ob nichts oder niemand im Leben sie je wieder aus ihrer Mitte reißen könnte.

Ein besonders intensives Gefühl durchströmt sie. Sie hat keine negativen Gedanken, sondern sie hört eine leise Stimme, sie solle sich ihre Träume selbst erfüllen. Sie kann gar nicht sagen, ob das eine Stimme ist oder ein Gefühl. Auf jeden Fall hat sie danach den intensiven Wunsch, ihre Träume zu verwirklichen und ihr Leben zu leben und nicht ihr Leben von anderen bestimmen zu lassen.

Vom Bauch aus durchströmt sie eine einzigartige Kraft. Wie ein inneres Licht, das angeschaltet wurde. Es fühlt sich warm an. Sie liebt ihre Familie über alles, ihre Kinder, ihren Ehemann, dennoch ist schon lange der Wunsch groß, sich ein eigenes Leben aufzubauen. Mit ihrem Beruf, der sie erfüllt und für den sie auch genügend Zeit zur Verfügung hat. Nicht zwischendurch, sondern dem sie ihre volle Aufmerksamkeit widmen kann. Sie möchte ein eigenes Architekturbüro haben, mit ihren eigenen Projekten, in das sie ihr Herzblut stecken kann. Sie möchte nicht mehr auf andere Architekten angewiesen sein, die ihre Ideen dann als die ihre verkaufen. Sie möchte ihre Ideen selbst verwirklichen. Selbst erschaffen. Wie das funktionieren soll – neben den Kindern und einem Karrieremenschen –, ist ihr noch nicht ganz klar, aber das muss sie jetzt nicht lösen. Cordula fühlt sich tagelang gut.

Aber dieses intensive Gefühl verschwindet leider wieder. Schade eigentlich, denn es war so angenehm. Aber was bleibt, ist das Gefühl, dass sie ihre Träume, ihr Leben selbst anpacken muss. Sie darf sich nicht auf Ben verlassen, dass er sie glücklich macht, das wäre auch unfair. Niemand kann sie glücklich machen, nur sie sich selbst. Sie hat intensiv gespürt, dass sie alle Kraft, die sie dafür braucht, in sich trägt. Cordula möchte nun alles ihr Mögliche tun, um dieses Gefühl noch einmal zu spüren und dann noch einmal, bis es länger bleibt. Es war das schönste Gefühl, das sie seit langem hatte, und sie hat keine Ahnung, woher es gekommen ist.

Ihr kommt in den Sinn, dass das Leben nicht gegen sie ist – so ein Blödsinn! Sie hat ihr Leben in der Hand, und nur sie kann es ändern. Wenn sie unzufrieden mit ihrem Leben ist, muss sie es ändern. Jammern hilft nicht. Sie muss Schritt für Schritt ihren Weg gehen. Sie ist in einer extremen Überforderung in ihr altes Muster zurückgefallen. Sie spürt, wie schon sehr lange nicht mehr, dass der Weg stimmt. Alles, was sie bisher gemacht hat, war richtig. Die Globuli, die Atlas-Korrektur, die vielen Emotionen, die sie nochmals durchlebt hat. Alles ist gut und alles wird besser. Das Leben zeigt ihr nur immer wieder, wo sie noch Lernbedarf hat. Gelassenheit, Geduld und Demut. Sie muss verdammt noch mal, Verantwortung für ihr Leben übernehmen. Und nicht die Verantwortung für ihr Leben an Ben oder an irgendjemand anderem abgeben.

Ihr kommt vor, als ob jemand ihr in dieser speziellen Nacht auf den Kopf geschlagen hätte, damit sie zur Besinnung kommt. Cordula glaubt, dass ihr Veränderungsprozess mit der Schwangerschaft von Louis begonnen hat. Seither hinterfragt sie so viel. Eigentlich alles, auch ihr Umfeld, die Menschen, mit denen sie ihre meiste Zeit verbringt. Sie überlegt, wer ihr guttut und wer nicht. Sie lernt nun Energieräuber von Energiegeber zu trennen.

Mein jüngeres Selbst!

Gut so, jetzt beginnst du dich um deine Seele zu kümmern! Energieräuber erkennt man ganz schnell, denn schon nach etwa zehn Minuten mit ihnen fühlt man sich schlapp und ausgepowert, müder als zu Beginn des Gesprächs. Umgibt man sich jedoch mit Energiegebern wird man gepusht, fühlt sich fröhlich und energiegeladen. Man verliert auch das Zeitgefühl.

Fühl dich umarmt, dein höheres Selbst

Für Cordula ist es jetzt an der Zeit zu überlegen, wer ihr guttut und wer nicht. Viele Freundschaften hat Cordula im Lauf der Jahre gepflegt, obwohl sich diese schon lange nicht mehr »richtig« angefühlt haben. Cordula hat drei beste Freundinnen, und sie hat für jede eine eigene Bezeichnung.

Ihre beste Freundin ist Simone. Die beiden kennen sich seit ihrer gemeinsamen Kindergartenzeit. Simone ist ein Jahr älter. Die beiden verbindet eine tiefe Freundschaft, sie lieben es, über das Leben zu philosophieren, Menschen zu beobachten und zu analysieren, und sie haben beide den Blick für das Schöne. Außerdem essen beide für ihr Leben gern gut. Simone arbeitete jahrelang bei einem Gourmetverlag und kennt sich nach wie vor mit gutem Essen aus. Die beiden unternahmen eine gemeinsame Gourmetreise in die Toskana. Das war eine der besten und entspanntesten Reisen überhaupt. Die beiden suchten sich bewusst Gebiete abseits des Massentourismus aus und genossen das Leben in vollen Zügen. Das Essen, die Landschaft, die Stimmung, die italienische Mentalität. Zweimal am Tag gingen sie gut essen, tranken sogar mittags ein Gläschen Wein. Diese vierzehn Tage waren so herrlich. Simone musste leider heimfliegen, und Cordula blieb weitere sechs Wochen dort, um Italienisch zu lernen. In der »scuola italiana« in einem kleinen Ort in der Maremma in der Toskana. Das war eine unglaublich lehrreiche Erfahrung für Cordula. Sie wohnte bei einer Familie, konnte kaum Italienisch sprechen. Während dieser Zeit fand sie nicht nur wunderbare Freunde, sondern lernte auch Italienisch und sog das italienische Leben in tiefen Zügen ein. Aber nach sechs Wochen war der Zauber für sie vorbei, und sie hat den Kurs abgebrochen, obwohl dieser noch weitere zwei Wochen gegangen wäre. Cordula hatte keine Lust mehr und fuhr nach Hause.

Simone und Cordula sind schon einige Jahrzehnte miteinander befreundet und wissen eigentlich fast alles übereinander. Sie haben während der Studienzeit zusammengewohnt. Sind gemeinsam durch viele Höhen und Tiefen gegangen und haben verschiedene Lebensphasen durchlaufen. Es gab Zeiten, da waren sie unzertrennlich und haben sich täglich gesehen, dann wieder Monate nicht. Aber das war und ist egal. Den beiden geht nie der Gesprächsstoff aus, und sie sind nach wie vor in Kontakt.

Simone kann leider in dieser schwierigen Zeit für Cordula nicht da sein, da es ihr selbst schlecht geht und sie sich von einem Burnout erholt. Deswegen möchte Cordula sie nicht mit ihren Problemen belasten. Aber Simone kennt Cordula in- und auswendig, deswegen ist ihr natürlich aufgefallen, dass mit ihr was nicht stimmt.

Anika ist Cordulas best friend ever. Anika kennt Cordula schon seit ihrer Kindheit. Anika ist vier Jahre älter. Die beiden verstanden sich zwar schon von klein auf gut – sie haben den gleichen Humor –, doch erst nachdem Cordula eine langjährige Beziehung Mitte zwanzig beendet hatte, entwickelte sich ihre Freundschaft. Anika war zu dieser Zeit auch Single, und die beiden waren ständig unterwegs, auf Partys, in Clubs, auf Veranstaltungen.

Cordula wohnte eine Weile bei Anika, und die gemeinsame Zeit war wunderschön. Die beiden bekamen auch ziemlich zeitgleich ihre Kinder. Cordula ist von Anikas Sohn die Taufpatin, Anika von Olivia. Seit die beiden Mütter sind, verbringen sie viel Zeit miteinander. Sie gehen gemeinsam mit den Kindern schwimmen, auf Feste, zum Heurigen, laden sich gegenseitig zum Essen ein. Auch Anikas Mann Niko und Ben verstehen sich gut. Die beiden trafen sich auch unabhängig von Anika und Cordula. Sie waren oft miteinander im Urlaub, am Meer, zum Skilaufen in den Bergen. Doch in den letzten Jahren haben sie sich irgendwie in andere Richtungen entwickelt. Leider. Cordula fühlt zwar eine tiefe Verbundenheit zu Anika, aber sie haben sich nicht mehr viel zu sagen.

Ihre dritte beste Freundin heißt Karmen, the best friend. Karmen und Cordula kennen sich seit der Schule, als beide fünfzehn Jahre alt waren. Sie waren gemeinsam in einer Clique und hatten eine tolle gemeinsame Schulzeit und auch noch später. Die beiden verbindet die Lust am Reisen und zum Sport. Karmen und Cordula sind mindestens einmal im Jahr gemeinsam verreist. Obwohl sie grundverschieden sind, haben sie eine starke Verbindung zueinander.

Karmen ist eine Frau, die schon immer gewusst hat, was sie will. Schon in der Schulzeit wusste sie, was sie beruflich und privat erreichen will, und das hat sie auch Schritt für Schritt durchgezogen. Eine sehr starke Frau. Möglicherweise zu stark für Cordula. Sie versteht nicht, dass man Krisen hat, sie selbst würde Schwäche nicht zulassen, sie würde sich ablenken mit Ausgehen, Shoppen oder einem kurzen Städtetripp. Dadurch ist sie aber unnahbar für Cordula geworden, nicht wirklich greifbar. Wie ein Mensch ohne Schwächen. Aber das gibt es nicht. Jeder hat Stärken und Schwächen.

Bei Karmen fühlt Cordula eine Grenze, hinter die man nicht blicken darf. Diese Grenze hat Cordula natürlich immer respektiert, aber ihre Freundschaft hat im Lauf der Zeit Risse bekommen, denn Cordula liebt ehrliche Gespräche, die auf Gegenseitigkeit beruhen.

Cordula hat noch einige andere Freundinnen, die sie nicht so oft sieht, aber die sie nicht weniger gern hat. Steffi zum Beispiel kennt sie auch schon seit vierzig Jahren, sie waren in der Jugend sehr gut befreundet. Steffi hat sehr früh geheiratet, und dann haben sie sich aus den Augen verloren. Aber die letzten fünfzehn Jahre haben sie sich wiedergefunden.

Mit Steffi verbindet sie die Liebe zur Natur und zum Outdoorsport. Die beiden gehen oft in die Berge wandern und im Winter machen sie Skitouren. Das sind wunderschöne Tage, die sie miteinander verbringen. Ein Tag mit Steffi in der Natur ist vom Erholungswert wie Ferien. Die beiden können stundenlang quatschen ohne Pause. Da existiert keine Barriere, sondern tiefstes Vertrauen, das ist genau das, was für Cordula eine Freundschaft ausmacht.

Freundeskreise können im Lauf des Lebens wechseln. Diese Erkenntnis war für Cordula zwar befreiend, aber auch quälend. Denn sie hat lange damit gehadert, dass sich manche

Freundschaften für sie nicht mehr richtig angefühlt haben. Manchmal haben Freundschaften, wie auch Beziehungen, ein Ende. Das ist hart, schmerzhaft, aber gehört anscheinend zum Leben dazu.

Mein jüngeres Selbst!

Ja natürlich gehört das zum Leben dazu. Das Leben ist ein Fluss, und der ist ständig in Bewegung und in Veränderung. Manche Menschen gehen mit uns einen Streckenabschnitt der Route namens Lebens, einige nur eine kurze Etappe, die aber genauso wertvoll sein kann, und wenige Menschen dürfen uns ein langes Stück begleiten und ganz wenige das ganze Leben. Sei dankbar für jede Begegnung, für jede Erfahrung. Halte an nichts und niemandem fest. »Das größte Geschenk, das du dir und anderen machen kannst, ist nicht zu brauchen. Du brauchst niemanden, um glücklich zu sein. Du trägst alles Glück, Liebe, Freude, Zufriedenheit in dir, und das Schönste ist, wenn du diese Gefühle mit anderen teilst.«[3]

Fühl dich umarmt, dein höheres Selbst!

Cordula findet langsam wieder zu ihrem Optimismus zurück. Die emotionalen Achterbahnfahrten werden seltener, und sie hat das Gefühl, das Gröbste überstanden zu haben. Ihr wird bewusst, sie musste hier durch, es gab keinen anderen Weg. Das Leben ist für mich, kommt ihr immer wieder in den Sinn. Und so ist es auch. Denn nach einem extrem harten Jahr seit der ersten Globuli-Einnahme und etwa einem dreiviertel

Jahr nach der Atlas-Korrektur fühlt sie sich aufrechter und schmerzfrei. Aber was das wohl Tollste ist: Die Herzaussetzer sind weg und mit ihnen auch die Magenschmerzen – wie weggeblasen. Nur bei starker körperlicher Anstrengung sind einzelne Herzaussetzer spürbar. Im Alltag sind sie vollkommen weg. Cordula fühlt sich energiegeladener und besser als je zuvor.

Der Reflux ist nicht mehr spürbar, denn Cordula macht seit einigen Wochen täglich in der Früh eine Ölziehkur. Sie nimmt einen Schluck Bio-Sonnenblumenöl oder Kokosöl und zieht diesen im Mund von links nach rechts und von rechts nach links. Nach etwa fünfzehn Minuten wird das Öl zähflüssig und in den Abfall gespuckt – und damit auch Schleim und Giftstoffe. Eine natürliche Mundpflege-Methode nach Ayurveda. Nach Ayurveda werden die Zähne und der Mund in einer wechselseitigen Beziehung zum gesamten Organismus gesehen – der Mund und die Zähne spiegeln den Zustand des Körpers wider.

Cordula geht nach wie vor regelmäßig zur Massage, denn manche Verspannungen sind richtig hartnäckig, und Christoph verspricht ihr immer und immer wieder, dass das schon wird, aber es braucht seine Zeit. Cordula hat Zeit und ist mittlerweile schon etwas geduldiger.

Eines Tages meldet sich wie aus heiterem Himmel Kathrins Ehemann telefonisch bei Cordula. Sie freut sich sehr darüber. Immerhin hatte sie auch einen guten Kontakt zu ihm. Die beiden sprechen zuerst über ihr Wohlbefinden, was beide aktuell machen, wie es so läuft. Dann sprechen sie über Kathrin, über ihre letzten Wochen und Tage. Und plötzlich sagt er: »Niemand wäre in der Lage gewesen, Kathrin zu helfen.«

Und mit diesem einen Satz nimmt er Cordula eine Last von den Schultern. Unbewusst hat sie sich die ganze Zeit Vorwürfe gemacht, Kathrin nicht genügend geholfen zu haben, ihr nicht genug Zeit gewidmet zu haben. Seit der Geburt von Louis war der Kontakt zwischen Kathrin und Cordula etwas eingeschlafen. Cordula war mit sich selbst beschäftigt. Das Gespräch mit dem Mann von Kathrin ist versöhnlich. Und damit kann sie mit Kathrins Tod abschließen. »Danke, Kathrin. Ich werde dich immer in meinem Herzen tragen. Ich bin dankbar für die gemeinsamen Stunden. Ich habe dich so lieb.« Mit Blick Richtung Himmel verabschiedet sie sich aus tiefstem Herzen von ihrer Freundin.

Cordula ist ausgeglichener und fühlt sich endlich wieder wohl. Entspannt kann sie ihre Rolle als Mutter genießen, sie arbeitet wieder, meist von Zuhause aus, und ist glücklich, wie schon lange nicht mehr. Das Schöne dabei, die Beziehung zu Ben hat sich deutlich verbessert. Dieser Sommer ist der erste Sommer seit langem, den sie wieder genießen kann. Die heißen Tage im Freibad mit den drei Kindern, die Gesellschaft anderer, die lauen Abende, an denen sie sich mit Freunden trifft oder mit Ben ein Glas Wein auf der Terrasse trinkt.

Manchmal blickt sie zurück, denkt an die letzten drei Sommer, die wahrlich zum Vergessen waren. Zuerst der Sommer, in dem sie schwanger war, den sie quasi auf der Couch, statt unter freiem Himmel verbracht hat. Dann der Sommer, in dem Kathrin starb. Ein furchtbar trauriger Sommer, und dann der Sommer, in dem sie begonnen hat, sich ihren Problemen zu stellen – auch kein einfacher Sommer! Aber dieser Sommer jetzt fühlt sich wieder nach Sommer an. Ben hat eine neue Leidenschaft für sich entdeckt – das Segeln – und hat mittlerweile die ganze Familie damit angesteckt. Sie haben sich auch schon ein eigenes Segelboot gekauft, eine Sunbeam. Cordula ist einfach eine Ästhetin und dieses Boot ist elegant und sportlich zugleich.

Cordula und Ben verbringen jede freie Minute dort. Am liebsten segeln sie zu zweit. Das sind die entspanntesten Segeltörns. Ob der Wind schwach oder stark ist, ist dabei gar nicht so wichtig. Hauptsache, sie sind zusammen und können die gemeinsame Zeit genießen. Im Innenraum gibt es sogar eine Schlafmöglichkeit, wo die beiden auch übernachten können, wenn sie etwas Abstand von den Kindern brauchen. In diesen Momenten fühlt sich das Leben leicht an. Ben und Cordula haben wieder zueinander gefunden – durch viele ehrliche Gespräche und gemeinsame Stunden.

Louis ist mittlerweile fast drei Jahre alt und ist vormittags im Kindergarten. Es gefällt ihm dort sehr gut, er hat bereits Freunde gefunden und ist nach wie vor ein unkomplizierter, besonderer Bub.

Cordula nützt die Zeit, die sie nun hat, und schreibt an ihrer Diplomarbeit, um endlich ihr Studium der Architektur abzuschließen. Cordula möchte ihr Ziel verwirklichen und sich endlich selbständig machen. Sie hat ihr großes Ziel in Etappen eingeteilt. Die Diplomarbeit kommt gut voran. Ihr Betreuer ist mit ihr sehr zufrieden, und so wie es aussieht, steht einem erfolgreichen Abschluss nichts mehr im Weg. Bis auf die Diplomprüfung. Jede freie Minute lernt sie für die Abschlussprüfung. Und je näher der Prüfungstermin rückt, desto aufgeregter wird sie. Hat sie etwa Angst vor dem Abschließen und Sorge, was danach folgt? Aber nein, das ist es nicht. Es steckt etwas anderes dahinter, denn Cordula wird mit der Prüfung mit einer tiefen Angst konfrontiert.

4

DIE SCHWELLE

Cordula liebt es, im Mittelpunkt zu stehen und die volle Aufmerksamkeit zu bekommen. Andererseits hasst sie es, im Mittelpunkt zu stehen und die volle Aufmerksamkeit zu bekommen. Sie möchte gesehen werden und hat gleichzeitig Angst davor, sich zu zeigen. Paradox! Wenn sie vor Publikum redet oder sich einer Prüfungssituation stellt, ist sie so aufgeregt, dass ihr ganz schwindelig wird, sie weiche Knie bekommt und einen roten Kopf. Cordula hasst das, jeder Mensch kann ihr die Unsicherheit ansehen. Und das ärgert sie, denn sie möchte ja perfekt sein: ein rundum in sich ruhender Mensch, der jeder Herausforderung mit Gelassenheit begegnet.

Doch jeder Mensch kennt das Gefühl von Nervosität. Angeblich ist die größte Angst des Menschen, vor Publikum zu sprechen. Jeder hat Angst davor zu scheitern oder zu versagen, oder dass sich jemand lustig macht. Diese Prüfungsangst hat ihr schon oft das Leben erschwert. »Angst ist nur ein Instrument von deinem Verstand, dich davon abzuhalten, in deine wahre Größe zu kommen.«

Dieses Zitat von Laura Malina Seiler hat Cordula mal gelesen, und es stimmt. Denn wenn man die Angst besiegen will, gibt es nur einen Pfad: den Weg durch die Angst hindurch. Unser Gehirn ist im Überlebensmodus auf Sicherheit und Bequemlichkeit ausgerichtet und nicht zuständig für Glück. Deshalb kehren wir meistens der Angst den Rücken und werden sehr kreativ beim Finden von Ausreden. Cordula möchte den richtigen Weg nehmen, sich mit der Angst konfrontieren und sich Hilfe suchen. Diese Angst scheint ihr eine zu große Hürde zu sein, um es selbst zu schaffen.

Mein jüngeres Selbst!

Wir versuchen alle, unsere Schwächen zu verstecken, doch gerade die machen uns liebenswert, denke daran, niemand ist perfekt. Versuche herauszufinden, woher deine Angst vorm Scheitern kommt. Normalerweise ist die Angst groß, verspottet zu werden und aus einer Gruppe ausgeschlossen zu werden. Du glaubst, wenn du eine Präsentation nicht gut hältst oder eine Prüfung nicht schaffst, wirst du ausgelacht und von einer Gruppe ausgeschlossen. Von welcher Gruppe eigentlich? Niemand, der dich gerne hat, wird dich ausschließen. Und Neider gibt es immer, aber wer sind die Neider? Meist sind das diejenigen, die sich selbst hinter ihrer Angst verstecken und die nichts wagen, aus Angst vorm Scheitern. Niemand, der groß denkt und handelt, macht sich über einen anderen lustig, weil er selbst weiß, wie steinig der Weg sein kann. Und große Persönlichkeiten wie der amerikanische Basketballstar Kobe Bryant, der leider Anfang 2020 viel zu früh verstorben ist, kannte das Gefühl der Angst und wusste wie Angst funktioniert:

»If you're afraid to fail, then you are probably going to fail. Pain doesn't tell you when you ought to stop. Pain is the little voice in your head that tries to hold you back because it know if you continue you will change.«

(»Wenn Sie Angst haben zu scheitern, dann werden Sie wahrscheinlich auch scheitern. Die Angst sagt Ihnen nicht, wann Sie aufhören sollen. Angst oder Schmerz ist die kleine Stimme in Ihrem Kopf, die versucht, Sie zurückzuhalten, weil sie weiß, wenn Sie

weitermachen, werden Sie sich verändern.«)
Angst ist nur im Kopf. Wegen einer einzigen Erfahrung hat man möglicherweise ein Leben lang Höhenangst, Angst vor Publikum zu reden, Angst vor was auch immer. Wie kann man die Prüfungsangst besiegen, indem man sich Prüfungen stellt. Und die Erfahrung macht, dass es auch ohne negative Gefühle geht. Ohne wackelige Beine, ohne das Gefühl von Schwindel. Also, der Weg führt durch die Angst durch. Du schaffst es!

Fühl dich umarmt, dein höheres Selbst!

Cordula sucht nach Coaches im Internet, und dabei findet sie eine Ausbildung zur Mentaltrainerin. Aus Neugierde bleibt sie auf dieser Website hängen und liest sich alles genau durch. Die Ausbildungsinhalte fesseln sie, und das Zitat von Jon Kabat-Zinn »Du kannst die Wellen nicht anhalten, aber du kannst lernen zu surfen«, geht ihr nicht mehr aus dem Kopf. Stimmt, sie kann ihre Angst nicht stoppen, aber sie kann lernen mit der Angst zu leben. Die Angst wird wahrscheinlich nie weg sein, angstfrei zu sein, ist auch nicht das Ziel. Aber Cordula möchte mit ihren Ängsten gut leben können, sie möchte nicht, dass ihre Ängste ihr im Weg stehen. In der Ausbildung, so steht es da, lernt man ein positives Selbstbild, durch Urvertrauen Ängste und Blockaden zu lösen, vorhandene Potenziale zu entdecken und zu entfalten. Das klingt alles sehr verlockend. Sie schläft eine Nacht darüber, und am nächsten Tag beschließt sie, sich zur Mentaltrainerin ausbilden zu lassen.

Natürlich muss sie Ben darüber informieren: »Ben, ich möchte mich zur Mentaltrainerin ausbilden lassen«, sagt sie etwas zögerlich.

»Aha, wann denn?« antwortet Ben knapp.

»Naja, eigentlich gleich. Der Kurs beginnt schon nächste Woche. Ich weiß, es ist sehr kurzfristig, aber ich möchte den Kurs machen, bevor ich mich der Diplomprüfung stelle.«

»Was heißt hier stellen? Du machst die Diplomprüfung und fertig. Dir ist schon klar, dass du schon wieder in dein altes Muster fällst, bevor du noch was fertig hast, beginnst du schon etwas Neues!«

Ben ist leicht sauer.

»Ich weiß, Ben, danach sieht es jetzt aus. Aber vertraue mir bitte, so ist es nicht.« Cordula versucht ihn zu besänftigen.

»Wie ist es dann?« Ben wird lauter.

Cordula muss sich nun offenbaren, es fällt ihr nicht leicht.

»Ben, ich, was soll ich sagen, ich habe Prüfungsangst.«

»Was hast du?«

»Prüfungsangst.«

»Ich glaube eher, du hast Angst vor dem Abschluss, Angst davor, was als nächstes kommt. Cordula, mach einfach diese Diplomprüfung, so schwer kann das doch nicht sein. Es gibt unzählige Architekten, die haben das alle geschafft. Also, stell dich bitte nicht so an.«

»Du bist ungerecht, Ben. Ich spreche hier von meinen tiefsten Ängsten. Ich habe Prüfungsangst nicht seit gestern, sondern schon seit ich denken kann. Ich hatte schon immer Tage vor der Prüfung Durchfall, und am gleichen Tag konnte ich kaum sprechen. Mir wird die Tragweite dieser Angst erst jetzt so richtig bewusst. Ich habe deshalb mein Studium nicht abgeschlossen, habe mich hinter anderen Architekten versteckt, die meine Ideen dann bei Wettbewerben präsentiert haben, weil ich es nicht gewagt habe. Ich habe Angst, mich zu zeigen. Und ich möchte das nicht mehr. Ich möchte mich nicht mehr verstecken, ich möchte meine Ideen präsentieren können, ich möchte Wettbewerbe gewinnen können, ich möchte eine erfolgreiche

Architektin werden. Meine Ideen, meine Entwürfe sind super, ich habe alle Möglichkeiten, aber nur ohne diese Angst. Diese Angst versaut mir alles, meine gesamte Zukunft. Und ich werde sie nicht länger füttern, Ben. Ohne diese Angst wäre ich schon viel weiter, ich wäre schon erfolgreiche Architektin, hätte schon ein Vermögen verdient. Entweder du hilfst mir dabei und unterstützt mich während des Kurses oder nicht. Dann werde ich es auch alleine schaffen. Denn mir bleibt keine andere Wahl, ich muss es schaffen. Ich möchte mit nicht mehr von der Angst aufhalten lassen.« Cordula wird emotional.

»Aber, Cordula, das kann ich ja verstehen. Aber wieso verkomplizierst du das Thema. Nimm dir einen Coach, der kann das vielleicht in ein oder zwei Sitzungen heilen, und gut ist es. Dann machst du die Prüfung und denkst gar nicht mehr, dass du je Angst davor hattest.«

»Das geht nicht so einfach in zwei Stunden weg. Aber ja, natürlich könnte ich mir einen Coach nehmen, aber ich möchte das von der Pike auf lernen, ich möchte verstehen, warum ich Angst habe, woher die Angst kommt. Und wenn neue Ängste kommen, möchte ich damit umgehen können. Außerdem möchte ich mein Team gut führen können, motivieren können, auch diese Dinge lernt man in der Ausbildung. Ben, bitte vertraue mir. Ich war mir noch nie im Leben so sicher, das Richtige zu machen. Ich möchte diese Ausbildung machen, danach mache ich die Diplomprüfung und schließe das Studium ab. Danach mache ich die Ziviltechnikerprüfung, und im Anschluss daran mache ich mich selbständig mit meinem eigenen Architekturbüro. Am Anfang kann ich mich noch mit Visualisierungen über Wasser halten, aber ich bin mir sicher, dass Aufträge kommen werden und Einladungen zu Wettbewerben. Ich fühle es, Ben ich fühle es, dass das mein Weg ist. Und diese Ausbildung ist der erste Schritt dazu.«

Ben überlegt und lässt die Worte erstmal sacken. »Dann mach diese Ausbildung, ich werde dich, so gut es geht, unterstützen und dir in dieser Zeit die Kinder abnehmen. Aber ich sage keine beruflichen Termine deswegen ab, denn wenn dein Plan nicht aufgeht, müssen wir von meinem Job leben können.«

Nur eine Woche später sitzt sie im Kurs zur Mentaltrainerin. Diese Ausbildung öffnet Cordula eine komplett neue Welt. Die Macht der Gedanken, wie man Gedanken lenken kann, wie das Ego funktioniert und wie man zielorientiert und fokussiert agiert. Verschiedene Atemtechniken, die ihr dabei helfen sollen, entspannter mit Stresssituationen umzugehen. Mentales Training bedeutet in erster Linie, sich selbst genauer kennenzulernen. Die eigenen Stärken und Schwächen erkennen, das eigene Denken und die eigenen Gefühle. Es kann mit »geistigem Üben« übersetzt werden. Mentales Training wurde schon früh im Sport eingesetzt und findet mittlerweile in allen Lebensbereichen Anwendung.

Mit der Kraft der Gedanken kann man sich also auf jede Situation einstellen. Wichtig dabei ist zu visualisieren. Sich die Situation genau vorzustellen, immer wieder. Denn unser Gehirn weiß den Unterschied nicht zwischen Vorstellung und Realität. Und somit trickst man es aus. Wenn man in der Vorstellung die Prüfung schon öfter geschafft hat, ist man in der Realität davor weniger nervös, denn der Verstand hat keinen Grund zur Sorge.

Die Ausbildung zur Mentaltrainerin tut Cordula richtig gut. Im Kurs sind etwa zwanzig Personen, unterschiedlich in Alter, Herkunft und beruflichem Hintergrund. Aber alle haben eines gemeinsam, alle wollen sich persönlich weiterentwickeln und sich von negativen Gedanken und limitierenden Glaubenssätzen nicht bremsen lassen. Es entsteht dort eine schöne Gemeinschaft, tiefsinnige Gespräche, neue Bekanntschaften.

Am letzten Kurstag muss jeder Teilnehmer einen Vortrag über das Thema seiner Diplomarbeit halten. Schon Tage vor dem Vortrag ist Cordula natürlich aufgeregt, aber auch voller Vorfreude. Kurz vor ihrem Vortrag, als die Rednerin vor ihr gerade spricht, überkommt sie Panik, die Angst kommt wie ein kleiner Vulkan hoch und lähmt sie. Sie würde am liebsten flüchten und den Raum verlassen!

Mein jüngeres Selbst!

Lauf nicht davon, du bist so kurz davor, eine lebensverändernde Erfahrung zu machen. Vertraue, darauf, dass alles zu deiner besten, persönlichen Entwicklung dient. »Atme ein und zähle bis vier – halte den Atem an und zähle bis vier – atme aus und zähle bist vier.«[(4)] Mach das einige Male, und du wirst ruhiger.

Fühl dich umarmt, dein höheres Selbst!

Cordula tritt auf, und ihr Herz pocht ihr bis zum Hals, ihr Stand ist unsicher, sie ist leicht schwindelig. Aber schon nach den ersten Einleitungssätzen, die sie besonders gut vorbereitet hat, legt sich die Aufregung, und sie beginnt, ihr Sprechen zum ersten Mal in ihrem Leben zu genießen. Sie könnte stundenlang hier stehen und reden. Ihr eigenes Thema begeistert sie, und sie hat das Gefühl, als würde sich die Begeisterung auch auf das Publikum übertragen. Ein sehr schönes Erlebnis, und sie hat das Empfinden, als wäre sie ihrer Berufung ein Stück näher gekommen.

Nach dem Vortrag und nachdem alle Teilnehmer ihre Diplomarbeit vorgestellt haben, ist eine Energie zu spüren, eine Mischung aus Erleichterung, Freude, Glück, Zufriedenheit, wie sie es sehr selten zuvor erlebt hat. Cordula schwebt nach Hause. Sie ist so glücklich und freut sich sehr auf Ben und die Kinder, damit sie ihr Glück mit ihnen teilen kann. Sie geht nicht mit den anderen Teilnehmern gemeinsam feiern, sondern fährt gleich nach Hause zu ihrer Familie.

Als sie nach Hause kommt, steht ein überforderter Ben vor ihr, der ihr in einem schroffen Ton sagt: »Jetzt hast du die richtige Zusatzausbildung, damit du nun endlich dein Studium abschließen kannst. Hoffentlich hast du dann wieder mehr Zeit für unsere Kinder.«

Er stößt kurz mit ihr auf ihr Diplom an und widmet sich danach seinen beruflichen Themen und sie ihren Kindern. Cordula ist von Wolke sieben wiedermal einmal auf dem Boden der Tatsachen angelangt. Als die Kinder im Bett sind, trinkt sie ein weiteres Gläschen von dem köstlichen Prosecco allein im Garten und schwört sich, dass sie auf dem richtigen Weg ist. Sie lässt sich von Miesepeter Ben nicht mehr davon abbringen. Er möchte sie am liebsten an ihre Kinder und an das Hausfrauendasein ketten, so fühlt sie im Moment. Wenn sie aus dem imaginären Käfig ausbricht, hat er das Gefühl, dass das zu seinen Lasten geht. Vielleicht hat er Angst, dass sie erfolgreicher sein könnte und im schlimmsten Fall er bei den Kindern zu Hause bleiben müsste.

Aber das möchte sie gar nicht. Sie möchte einfach glücklich und unbeschwert ihr Leben genießen, eine schöne Zeit mit der

Familie haben, aber eben auch beruflichen Erfolg und eine erfüllende Partnerschaft haben. Ben wird sich schon arrangieren. Cordula ist glücklich, sie beschließt nun, sich für die Diplomprüfung anzumelden. Inhaltlich hat sie keine Bedenken.

Mein jüngeres Selbst!

Du hast noch immer nicht die Situation mit Ben geklärt. Er fühlt sich nach wie vor als Ernährer, und wenn du deinen hausfraulichen Pflichten nicht nachkommst, kann er seinen Pflichten als Ernährer seiner Meinung nach nicht erfüllen. Du löst die Situation nicht, indem du deinen eigenen Weg alleine gehst, ihr müsst gemeinsam zu einer Lösung kommen. Du bist auf einem guten Weg, du löst langsam deine Fesseln, aber er wird dich dabei nicht unterstützen können, weil er davon ausgeht, dass du dich nicht an die Abmachung hältst. Im Gegenteil, er baut Frust auf. Hol dir alles vom Leben, aber sei bereit auch alles zu geben!

Fühl dich umarmt, dein höheres Selbst!

Cordula fühlt sich rundum wohl. Sie bereitet sich intensiv auf die Diplomprüfung vor und hat sich schon für den nächsten Ziviltechnikerkurs angemeldet. Der Kurs dauert nur zwei Wochen, zwar intensive zwei Wochen, aber in dieser Zeit hilft ihr ihre Mutter, so dass Ben wahrscheinlich gar nichts davon mitbekommt. Irgendwie kommt Ben diese Wandlung von Cordula schon seltsam vor. Diese Zielstrebigkeit und Konsequenz ist er von ihr nicht gewöhnt.

Plötzlich hat auch er den Drang, sich weiterzubilden. Er hat schon das eine oder andere Mal angedeutet, dass er gerne noch ein Studium machen würde. Er hat zwar ein Doppelstudium, Jus und Betriebswirtschaftslehre, aber Kunstgeschichte würde ihn noch brennend interessieren.

Cordula geht unabhängig davon ihren Weg Schritt für Schritt weiter. Das Schöne dabei ist, die destruktiven Gedanken und Zweifel werden immer weniger. Am Tag der Prüfung ist sie zwar aufgeregt, aber nicht gelähmt vor Angst. Sie freut sich sogar. Ben begleitet sie sogar zur Prüfung. Das gibt ihr nochmal ein Stück mehr an Sicherheit. Die Prüfung ist im Hörsaal 14A an der Technischen Universität in Wien. Sie wird etwa eine Stunde dauern, danach wollen die beiden in der Nähe am Karlsplatz fein essen gehen. Cordula freut sich darauf, dass sie endlich ihr Studium abschließt. Die Prüfungskommission besteht aus drei Prüfern, und die Prüfung ist öffentlich zugänglich, im schlimmsten Fall kann der Hörsaal auch voll sein. Davon ist aber nicht auszugehen. Ein paar Studenten werden schon anwesend sein.

Sie muss zuerst eine zwanzigminütige Präsentation ihrer wissenschaftlichen Arbeit über nachhaltige Architektur halten, danach werden ihr Fragen gestellt zur Diplomarbeit und danach allgemeine Fragen. Sie weiß, wenn sie nicht allzu aufgeregt ist, kann sie es gut machen, sie ist gut vorbereitet.

Als sie die Universität betritt sind ihre Beine schon etwas wackelig, und sie muss gleich direkt auf die Toilette. Dort sammelt sie sich, macht kurze Atemübungen, erdet sich und setzt sich eine imaginäre Krone auf. Ab nun geht, steht und redet sie wie eine Königin. Als sie die Klotür öffnet, sieht sie Ben, der ihr Glück wünscht. Sie betritt festen Schrittes und fokussiert den Hörsaal.

Genau eine Stunde später verlässt sie diesen als Frau Diplomingenieur. Es ist vollbracht, das Studium, das sie über viele Jahre gezogen hat, ist nun abgeschlossen. Cordula ist mittlerweile zweiundvierzig Jahre alt und fühlt sich gerade wie fünfundzwanzig. Ben freut sich mit ihr und sie verbringen einen wunderschönen Abend gemeinsam in Wien. Nachdem Cordula nur zwei Monate danach die Ziviltechnikerprüfung erfolgreich abgeschlossen hat, steht ihrer Karriere als selbständige Architektin nichts mehr im Weg.

Es ist Sommer, und sie möchte diesen nun genießen und erst im Herbst das Gewerbe anmelden. Sie braucht eine Pause. Familienzeit, Ladezeit. Die letzten Wochen und Monate waren sehr anstrengend und aufregend zugleich. Sie hat das alles neben den Kindern geschafft, ihre Mutter und auch ihre Schwiegereltern haben sie aber immer wieder unterstützt. Dafür ist sie sehr dankbar. Ben war beruflich extrem eingespannt, er hatte auch viele Abendtermine. Er hat von ihrem Stress gar nicht viel mitbekommen. Ben hat einen Urlaub auch nötig, er wirkt ziemlich niedergeschlagen und erschöpft. Er redet nicht viel, aber Cordula bemerkt, dass ihn irgendetwas massiv beschäftigt. Womöglich macht ihn die Arbeit nicht mehr glücklich. Sie spürt seine inneren Kämpfe. Er steht in der Nacht öfter auf, schläft kaum durch, schwitzt, ist unruhig. Er sucht keine körperliche Nähe mehr, ist abwesend. Irgendwas stimmt nicht mit ihm. Gott sei Dank naht der Familienurlaub an der Ostsee. Ein Tapetenwechsel wird allen guttun.

Mein jüngeres Selbst!

Ich habe es dir gesagt. Das löst sich nicht von alleine. Ben denkt nicht so wie du, Ben denkt, er trägt die komplette Verantwortung, die ihn nun zu erdrücken scheint. Du denkst, du hast es nun geschafft, weil du fokussiert deinen Weg gehst, aber du vergisst dabei, dass Ben dich nicht bei deiner Karriere unterstützen will, denn er möchte sich auf seine Arbeit konzentrieren und nicht zu Hause bei den Kindern sein, während du die große Karriere startest. Cordula, ihr müsst das lösen, noch bevor du jetzt Vollgas gibst und dich selbständig machst. Seine Karriere steht an erster Stelle für ihn, nicht deine. Je mehr du für dich tust, desto unglücklicher wird er dabei. Er fühlt sich nicht mehr wertgeschätzt, du verlangst seiner Meinung nach zu viel von ihm. Er ist nicht glücklich, weil du dich seiner Meinung nach nicht an die Vereinbarung hältst: Er macht Karriere, du managt den Rest – Kinder, Haushalt, Freizeitaktivitäten, soziale Kontakte – alles. Er bringt das Geld nach Hause, und jedes weitere Engagement seinerseits müsste mit sehr viel Wertschätzung und Dankbarkeit deinerseits verbunden sein. Deine Reaktion ist aber Wut, weil du dir komplett was anders erwartest. Du erwartest dir einen Ben, der sich in das Familienleben gerne einbringt. Aber das ist nicht so. Ben liebt seine Arbeit, er geht darin auf, er liebt seine Familie, die Kinder, dich, aber das bedeutet nicht, dass er sich viel mit euch auseinandersetzen muss. Das braucht er nicht. Du brauchst es, aber er nicht. Er möchte arbeiten, und wenn er nach Hause kommt, wünscht er sich ein gemütliches, warmherziges Heim. Keinen

Streit, keine Forderungen. Du jedoch jonglierst gerade mit vier Bällen gleichzeitig. Ausbildung, Kinder, Job und Haushalt. Wo bleibt da Platz für Zweisamkeit, für euch? Wo bleibt da Platz für das Familienleben? Cordula, pass auf, dass das alles nicht aus dem Ruder läuft. Ihr müsst das gemeinsam lösen, ihr müsst gemeinsam einen Weg finden, der für euch beide okay ist. Zwei steile Karrieren, drei Kinder, eine erfüllende Partnerschaft, werden schwierig, besonders wenn du keine fremde Hilfe in Anspruch nehmen willst. Cordula, bedingungslos lieben heißt, den anderen so zu nehmen, wie er nun mal ist. Das bedeutet, dass du Ben so akzeptieren musst, wie er ist, und er auch dich, so wie du bist.

Fühl dich umarmt, dein höheres Selbst!

5

DIE HÖCHSTE SCHWELLE

Noch bevor sie den gemeinsamen Urlaub antreten, sagt Ben zu Cordula, dass er nicht mehr sicher sei, was er will. Die Arbeit mache ihm zu schaffen, er habe zu wenig Zeit für sich, und er frage sich, ob er überhaupt noch mit der Familie leben möchte. Ihm seien die drei Kinder zu viel, sie fordern zu viel, Cordula fordere auch, und die Zeit zu zweit existiere gar nicht mehr. »Donnerwetter, das fängt gut an, das kann ja was werden«, erwidert sie.

Cordula hört nur, dass er offensichtlich mitten in einer Midlife-Krise ist, oder ist da etwa eine andere Frau im Spiel? Ben versichert ihr, dass er keine andere habe und schon gar keine Midlife-Krise, dafür sei er zu jung. Das Gespräch mit Ben macht Cordula richtig wütend. Sie hat während ihrer gemeinsamen Zeit – immerhin sind das schon fünfzehn Jahre – für ihn auf so vieles verzichten müssen, und jetzt versaut er ihnen den Urlaub, bevor dieser überhaupt angefangen hat. Immer muss es um ihn gehen! Sie kann ihn nicht verstehen. Wie kann man so fixiert auf die Karriere sein, dass alles andere unwichtig ist.

In Cordula kreisen die Gedanken: Er ist Vater von drei Kindern und trägt Verantwortung. Die nimmt er absolut nicht wahr. Die Kinder müssen ebenso wie Cordula wegen ihm auf viel verzichten. Er sieht sich kein einziges Tennisspiel von Esther an, geht kaum zu Konzerten von Olivia, und Louis bringt er so gut wie nie in den Kindergarten. Von Elternabenden oder Elternsprechtagen ganz zu schweigen. Ben steht als Vater überhaupt nicht zur Verfügung. Der Urlaub an der Ostsee, auf den sich alle schon freuen, sollte ihn eigentlich auf andere Gedanken bringen und seine Akkus und die seiner Familie wieder aufladen. Der räumliche Abstand, die komplett anders aussehende Landschaft sollten ihm dabei helfen, die Probleme zu

Hause oder noch besser in der Arbeit zu lassen. Deshalb haben sie auch geplant mit dem Auto an die Ostsee zu fahren und mit dem Autozug retour, damit auch die Anreise eine Weile dauert, damit er Kilometer für Kilometer die Arbeit und seine Sorgen hinter sich lassen kann.

Aber schon die Anreise ist eine Katastrophe. Ben ist leicht verkatert, weil er am Vorabend noch eine berufliche Abendveranstaltung bis spät in die Nacht besuchen musste. Also fährt Cordula. Wie von Ben gewünscht über Tschechien, denn er möchte in Dresden haltmachen. Er war noch nie in Dresden und wollte die Stadt schon immer erkunden. Also gut. Damit Cordula nicht gleich zu Beginn einen Streit vom Zaun bricht, fährt sie über Tschechien und nicht über Deutschland, was die von ihr bevorzugte Route wäre. Sie hätte viel lieber in Kassel oder Leipzig geschlafen, aber sie macht es, wie von Ben gewünscht.

In Tschechien sind so viele Baustellen, dass sie die meiste Zeit im Stau stehen. Den Kindern wird schon nach wenigen Stunden im Auto langweilig. Olivia und Ben streiten durch halb Tschechien wegen Banalitäten. In Dresden angekommen, übernimmt Cordula das Check-in im Hotel, schleppt anschließend die Koffer ins Zimmer, während Ben in der Sonne sitzt und vor sich hinstarrt. Ben klagt über Kopfschmerzen und meint, er gehe lieber nicht mit in die Stadt, er lege sich lieber hin. Cordula könnte ihn erwürgen. Super-Urlaubsbeginn!

»Ben, du bist der einzige Grund, warum wir überhaupt in Dresden sind, und jetzt legst du dich schlafen?«

»Cordula, ich habe Kopfschmerzen, ganz stark, ich kann nicht mit dir und den Kindern in die Stadt.«

Oh, Mann, mit dir ist echt nichts anzufangen, denkt sie sich nur, sie kann es sich gerade noch verkneifen, es ihm direkt ins

Gesicht zu sagen. Cordula versucht, das Beste aus der miserablen Situation zu machen, und flaniert mit den Mädchen und Louis durch Dresden. Sie finden Gefallen an dieser besonderen Stadt in der ehemaligen DDR. Sie essen Dresdens bestes Eis, so steht es zumindest an der Eisdiele, fahren mit eine Kutsche durch die Stadt. Nach dem Abendessen in einem exzellenten mexikanischen Restaurant gehen sie gut gelaunt ins Hotel zurück.

Ben liegt noch immer regungslos im Bett und schläft tief und fest, seit drei Uhr nachmittags. Der Anblick allein deprimiert Cordula. Da ist endlich die Familie gemeinsam im Urlaub, und er liegt im Hotelzimmer und schläft! Irgendwie fühlt sich das alles miserabel an. Sie schlafen sogar in getrennten Betten, denn, aus welchem Grund auch immer, hat er sich ins separate Kinderbett gelegt. Sie schläft mit Louis und Esther im Ehebett und Olivia in einem weiteren Einzelbett.

Am nächsten Tag, nachdem Ben sechzehn Stunden durchgeschlafen hat, fahren sie früh los. Acht Stunden später kommen sie im verregneten Pelzerhaken an der Ostsee an. Ben ist noch immer nicht ganz auf der Höhe, aber diesmal verläuft die Autofahrt etwas friedlicher. Olivia und er streiten wenigstens nicht. Das Hotel an der Ostsee präsentiert sich gut, unkompliziert eingerichtet, im lässigen Surfer Style. Beim ersten Abendessen bekommen sie als Familie ihren Tisch angewiesen, in einem kleinen Hinterzimmer, mit etwa fünf Tischen, weißen Wänden ohne Bilder und gefühlten zehn Babys im Raum. Unglaublich laut, hallend, furchtbar. Schon beim Anblick denkt sich Cordula: Ben bekommt hier die Krise. Und so ist es auch.

Am nächsten Tag fühlt sich Ben wieder nicht wohl. Noch unwohler als sonst. Es regnet noch immer in Strömen, und Cordula bereut, dass sie hier vierzehn Tage gebucht hat. Eine

Woche hätte gereicht. Wenn es so weitergeht und Ben nicht in die Gänge kommt, wird das ein sehr absurder Familienurlaub.

Sie machen sich nach dem Frühstück auf den Weg zur Surfschule, denn die Mädchen wollen einen Surfkurs machen. Ben wirkt immer noch schlapp und möchte eigentlich gar nicht mit zur Surfschule. Das Wetter entspricht seiner Stimmung.

Cordula versucht, auf ihn zuzugehen und fragt ihn: »Ben, was ist los mit dir, fühlst du dich nicht wohl, hast du noch immer Kopfschmerzen?«

»Nein, ich habe keine Kopfschmerzen mehr. Ich weiß nicht, ich fühle mich schlapp und energielos.«

Fast jeder Urlaub beginnt so. Ben startet den Urlaub völlig überarbeitet, und dann lässt das Adrenalin nach, und er ist die ersten drei bis vier Tage krank. Ben fährt mit dem Auto zurück ins Hotel.

In der Surfschule organisiert Cordula alles Notwendige. Der Regen hat nachgelassen, es tröpfelt nur noch leicht, und sie will zu Fuß mit den Kindern zurück zum Hotel. Wie sich herausstellt ein weiter Weg. Es dauert eine Ewigkeit, bis sie wieder im Hotel sind. Denn der Rückweg über den Strand ist mit den Kindern nur im Schneckentempo zu schaffen. Louis bleibt jeden Meter stehen und wirft Steine ins Meer. Die frische Luft nach dem Regen tut Cordula aber gut. Sie geht mit den Mädchen noch eine heiße Schokolade trinken, Louis schläft auf ihrem Arm, und sie kommen erst kurz vor dem Abendessen im Hotel an.

Ben hat sich die ganze Zeit nicht bei ihnen gemeldet. Gleich beim Öffnen der Zimmertür kommt ihr ein übler Geruch entgegen. Ben hängt über der Klomuschel und kotzt sich die Seele aus dem Leib.

»Oh, nein! Eine Magenverstimmung?«

»So schlecht war mir noch nie im Leben, das habe ich mir sicher bei den vielen Babys hier geholt. Cordula, konntest du kein anderes Hotel finden als ein Kinderhotel? Ich bin froh, dass unsere Kinder aus diesem Alter raus sind, jetzt machen wir Urlaub mit schreienden Babys!«

Cordula sieht ihn nur an, bringt erstmals kein Wort heraus und zieht zu den Mädchen ins Kinderzimmer. Das Abendessen fällt aus. Sie schlafen zu dritt in einem Kinderbett für zwei und Ben im großen Ehebett allein.

Cordula hatte keine Ahnung, dass das ein Kinderhotel ist. Das Hotel war als familienfreundliche Unterkunft beschrieben, mit sehr guten Bewertungen. Cordula würgt ihre Enttäuschung hinunter und versucht, das Beste aus dem Urlaub machen.

Die nächsten drei Tage liegt Ben nur im Bett. Cordula bringt die Mädchen zum Surfkurs, wartet solange mit Louis am Surfstrand, bis der Kurs zu Ende ist. An diesem Strandabschnitt ist Schwimmen strengstens untersagt, deshalb spielt sie mit Louis im Sand. Sie fühlt sich einsam. Nach dem Surfkurs geht sie mit den drei Kindern zu einem Badestrand mit den für die Gegend typischen Strandkörben. Den Mädchen taugt das Baden im Meer. Cordula borgt sich ein Paddelboot aus und startet gemeinsam mit Louis eine kleine Tour in der Lübecker Bucht.

Am Abend schlingen die Mädchen und Louis ihr Essen hinunter, damit sie mit den Kindern von den anderen Hotelgästen spielen können. Cordula sitzt einsam am Tisch und hat keinen Appetit. Ben erholt sich zwar allmählich, wird aber nicht fröhlicher. Am liebsten erkundet er allein mit dem Fahrrad die Gegend oder liegt im Bett. Nach dem Abendessen verzieht er sich gleich dorthin und spielt mit seinem iPhone. Für Cordula ein einziger Frust. So abwesend und unnahbar war er noch nie. Ben war nie ein Romantiker und auch kein großer Familienmensch, auch keine Ulknudel, aber so hat sie ihn nie erlebt.

Cordula ist froh, als die zwei Wochen vorüber sind und Ben die Rechnung bezahlt. Ein kleines Vermögen haben sie für diesen Urlaub ausgegeben. Ihr ist zum Heulen zumute. Sie fragt ihn, ob sie einen Teil der Rechnung übernehmen soll. Er verneint. Ben ist nicht geizig, das war er noch nie, aber auch wenn er alles bezahlt, hat er nicht das Recht, ihnen den Urlaub so zu versauen. Sie ist einfach nur wütend auf ihn. Immer drückt er der Familie seine Launen auf und zieht damit alle runter.

Die Kinder haben die letzten Tage nur noch gestritten, Cordula konnte es ihnen nicht verübeln, denn die Energie zwischen Cordula und Ben war erdrückend. Ben war den ganzen Urlaub nicht präsent, ein Schatten seiner selbst. Sie fahren schweigend nach Hamburg, Cordula fährt, damit Ben seine E-Mails checken kann. Sie verbringen noch einen Tag in Hamburg, wobei das einzige, was sie noch aufheitern kann, die Elbphilharmonie ist. Und das, obwohl Hamburg eine ihrer Lieblingsstädte ist.

Sie möchte nur noch nach Hause. Von Hamburg geht es dann mit dem Nachtzug zurück nach Wien. Leider ist es der wahrscheinlich älteste Nightjet, den die österreichische Bahn noch hat. Sie haben zu fünft ein kleines Abteil im Liegewagen. Louis schläft auf Cordula, er schläft, sie nicht. Ben spielt am Handy, und Olivia und Esther schauen die halbe Nacht zum Fenster hinaus. Vollkommen gerädert kommen sie in Wien an.

Es ist erst Donnerstag, und zum Glück haben sie noch drei volle Tage zur Erholung, denn Ben muss erst am Montag wieder arbeiten. Aber Ben geht schon am nächsten Tag aus dem

Haus und am übernächsten und am überübernächsten, am Sonntag. Und Montag, an seinem ersten offiziellen Arbeitstag nach dem Urlaub, kündigt er!

Die Kündigung kommt für Cordula überraschend, er hat nicht darüber gesprochen. Sie weiß, dass er mit dem Gedanken gespielt hat, aber dass er es dann so plötzlich macht, hätte sie nicht gedacht. Aber egal. Ben kann ihr seine Beweggründe gut erklären. Sie respektiert seine Entscheidung. Anfangs stellt sich auch sowas wie Erleichterung ein. Aber die hält keine zwei Tage. Denn obwohl seine Kündigung noch nicht einmal bei all seinen Kollegen durchgesickert ist, denkt er schon wieder an die Arbeit, an seine zukünftige Arbeit.

Cordula kann es nicht mehr hören. Sie ist an einem Punkt angelangt, wo sie sich die Frage stellt, ob sie so überhaupt noch leben will. Will sie ihr Leben mit einem Workaholic verbringen, weil dessen Gedanken sich zum Großteil nur um die Arbeit drehen – nicht um die Kinder, nicht um Freunde und nicht um sie?

Die letzten Wochen des Sommers verlaufen eher unspektakulär. Cordula und Ben gehen, während die Kinder Urlaub bei Oma machen, öfter miteinander segeln, schlafen sogar im Boot, aber die Nähe und die Vertrautheit ist nicht mehr da. Irgendetwas steht zwischen ihnen. Ist es die unterschiedliche Lebenseinstellung? Cordula weiß es nicht, sie weiß nur, so will sie nicht mehr leben. Sie merkt, dass Ben sie runterzieht, ihr die Energie nimmt. Sie ist sich sicher, mit einem unnahbaren, in sich gekehrten Ben möchte sie nicht weiter zusammenleben und bittet ihn um eine ehrliche Aussprache.

Cordula organisiert eine Babysitterin und reserviert einen Tisch in einem schicken mexikanischen Restaurant am Wiener Rochusmarkt. Sie will ein offenes und ehrliches Gespräch führen, ohne Probleme zu verschönern und ohne vage Formulierungen. Auf dem Weg zum Restaurant reden sie noch über belanglose Themen. Im Restaurant angekommen, wird das Gespräch emotionaler und ernster. Die Probleme direkt anzusprechen und sich dabei nicht in Floskeln zu verlieren, ist gar nicht so leicht. Das Lokal ist gut besucht, es ist nicht zu laut und auch nicht zu leise, sodass man gut reden kann, ohne dass der Nachbartisch mithören kann. Einzig der Kellner ist etwas aufdringlich und kommt zu oft an den Tisch. Ben jedoch lässt sich nicht beirren und bringt alles auf den Punkt. Cordula reagiert zuerst mehr eingeschnappt, wie so oft, und kontert vorwurfsvoll.

Sie erkennt, dass das so keinen Sinn hat. Cordula nimmt allen Mut zusammen und offenbart ihm ihre Gefühle. Sie sagt ihm, dass sie mehr Zeit mit ihm verbringen will, mehr Zeit zu zweit, dass sie mit ihm Spaß haben will, er sie aber immer wieder zurückweist. Sie sagt ihm, dass sie nicht verstehe, dass er nur an seine Karriere denke und überhaupt keinen Kopf für die Familie, für Freizeit und gemeinsame Aktivitäten habe. Er hört Cordula zu. Und sie sagt ihm, dass sie gerade überlegt, ob es sinnvoll ist, mit ihm zusammenzubleiben, um im Alter von fünfzig Jahren festzustellen, dass es vergeudete Zeit war.

Der Satz trifft Ben sehr. Plötzlich reagiert er emotional und hat mit Tränen zu kämpfen. »Cordula, du hast recht, vollkommen recht. Ich agiere unfair, und manchmal nehme ich mir zu viel heraus. Aber ich möchte arbeiten, ich möchte frei sein, und ich möchte mich nicht kontrollieren lassen. Ich habe im Moment nicht das Bedürfnis, mit dir zusammen zu sein. Ich sehe dich als meine Frau, und das wird immer so sein. Mit dir habe ich drei Kinder, und wir sind eine Familie. Aber ich möchte nicht mit dir Tag und Nacht zusammen sein, ich möchte allein was unternehmen, neue Leute kennenlernen, mir bei langen Spaziergängen Gedanken über meinen Jobwechsel machen, ich möchte das alles in meinem Kopf ordnen. Ich habe im Moment keinen Kopf für dich. Ich überlege mir auch, eine Wohnung in Wien zu nehmen, wenn ich hier einen Job habe. Damit ich zwei bis drei Tage hier verbringen kann, nicht jeden Tag pendeln muss. Ich brauche Zeit für mich, Cordula, ist das so schwer zu verstehen?«

»Aber wie stellst du dir das vor?«, fragt ihn Cordula. »Soll ich zu Hause sitzen und warten, bis du nach Hause kommen willst, und dann darf ich meine Sachen machen? Job, soziale Kontakte, Sport? Wenn dir nach Familie ist, kommst du nach Hause, und wenn nicht, bleibst du in Wien? Du machst mich total abhängig von dir und deinen Launen. Und du bist mittlerweile unberechenbar. Ich kann mich auf dich nicht mehr verlassen. Du hast dich in diesem Jahr von einer Seite präsentiert, die ich so nicht kenne. Du hast dich verändert. Ich möchte auch frei sein, muss dann aber wieder auf alles verzichten, weil du schon den Platz für Karriere und Erfolg reserviert hast? Ben, auch ich will arbeiten und nicht rund um die Uhr für die Kinder sorgen. Ich bin gerne Mutter, aber nur Mutter-Sein reicht mir nicht. Ich habe auch Träume und Visionen, die ich verwirklichen will, ich möchte mich bald selbständig machen, aber dafür brauche ich auch deine Unterstützung. Alleine schaffe ich das nicht.«

Da sitzen die beiden mitten in Wien, in einer der schönsten Städte der Welt, in einem tollen Lokal bei Steak und Pimientos de Padrón, kleinen Bratpaprika, trinken guten Wein und versuchen, ehrlich auf ihre unterschiedlichen Lebensphilosophien zu schauen.

Die verschiedenen Lebenseinstellungen haben von Anfang an die Beziehung kompliziert gemacht. Es war ein andauernder Kampf, wessen Meinung, wessen Einstellung die richtige ist. Dabei gibt es kein richtig oder falsch. Jeder hat seine eigene Wahrheit. Nur die beiden ergänzen sich nicht, sie fließen nicht ineinander, sondern gegeneinander. Ben ist ein konservativer Mann, der das alte Rollenbild leben will, Cordula eine modern denkende, freiheitsliebende Frau.

Nun stehen auch Cordula die Tränen in den Augen, und sie kann nicht mehr reden, denn sonst muss sie losheulen. Das will sie hier nicht. Ben zahlt, und die beiden verlassen schweigend das Lokal. Bei der ruhigen Heimfahrt beschließen sie, sich eine Auszeit von vier Wochen zu gönnen. Ben ist sowieso demnächst beruflich viel unterwegs, und an den Tagen, an denen er zu Hause wäre, wird er sich ein Hotelzimmer in Wien nehmen. Sie vereinbaren das nächste Treffen in genau vier Wochen in einem französischen Restaurant in Wien. In der Zwischenzeit werden sie keinen Kontakt haben.

Nach diesem Abend ist Cordula natürlich traurig und aufgewühlt, aber sie spürt, dass das der einzige Weg ist, den beide gehen können. Sonst hat ihre Beziehung keine Chance mehr. Sie möchte einen klaren Kopf bekommen. Sie sieht, wie so oft, auch hier etwas Positives. Die ersten fünf Tage schläft Ben zwar noch zu Hause, aber sie sehen sich nicht, weil Ben jeden Tag einen Abendtermin hat und in der Früh um fünf Uhr laufen geht, schnell einen Espresso trinkt und das Haus verlässt. Den Kindern sagt sie nichts, die drei sollen das nicht mitbekommen. Sie glauben, dass Ben die nächsten Wochen beruflich weg ist. Cordula verplant diese vier Wochen komplett mit beruflichen Terminen. Sie möchte auf keinen Fall zu Hause sitzen und Trübsal blasen.

Am Sonntag ist dann der Tag, an dem Ben auszieht. Da ist Cordula noch trauriger, fühlt sich allein, verlassen, ist wütend und kann sich nicht auf ihre Projekte konzentrieren. Sogar das mentale Training, die Morgenroutine fallen ihr schwer. Sie probiert alle ihre Techniken, die sie zur Verfügung hat, aber sie kann nicht loslassen. Sie muss ständig an Ben denken und kann die Zeit alleine nicht genießen.

Eigentlich wäre Ben sowieso eine Woche weg, mit oder ohne Auszeit. Aber das Wissen, dass das eine Auszeit ist und nicht klar ist, wie es weitergeht, macht es für Cordula so schwierig. Sie grübelt darüber, ob sie zusammenbleiben oder sich doch trennen werden. Das macht Cordula unsicher, zerstreut und kopflos. Ben meldet sich nicht, keine Nachricht, auch kein kurzer Anruf, ob er gut angekommen ist oder nicht. Aber sie haben ja ausgemacht, keinen Kontakt zu haben. Über ein Lebenszeichen hätte sie sich gefreut. Cordula glaubt immer mehr, dass eine andere Frau im Spiel ist. An der Ostsee hatte er ständig sein Handy in der Hand. Das war seltsam. Damals hatte sie schon den Gedanken, dass er fremdgeht. Er hat es verneint, aber welcher Mann würde das schon zugeben?

Cordula hält es kaum aus, die Zeit vergeht überhaupt nicht. Die Tage ziehen sich in die Länge, das ist nicht auszuhalten, und keine Nachricht von Ben. Egal, wie oft sie auf das Handy schaut. Sie geht oft zum Training. Sie sucht die Ablenkung, sportliche Betätigung schadet schließlich nicht.

Sie denkt darüber nach, was sie überhaupt will und wie sie ihr Leben führen möchte. So wie Ben auch. Er genießt offensichtlich die Auszeit, geht viel allein spazieren und macht sich intensiv Gedanken. Cordula hat ihn angerufen, sie konnte nicht anders. Das Gespräch war nur kurz, aber lang genug, um zu spüren, dass es nicht mehr so ist, wie es einmal war. Er ist für sie nicht mehr der Ben, in den sie sich verliebt hat. Er klingt fremd und unnahbar. Er wirkt, als ob ihn das alles nicht interessieren würde. Auch wenn Ben in der Vergangenheit nicht oft zu Hause war, war er ein wichtiger Bestandteil der Familie. Cordula und Ben waren schließlich gemeinsam das Fundament der Familie, und wenn ein Teil wegfällt, wackelt der andere.

Und so fühlt sich Cordula jetzt, wackelig. Auch körperlich unsicher. Sie geht unsicherer, und sie fühlt sich unsicher. Ganz eigenartig. Sie ist gedanklich immer bei Ben, und am liebsten würde sie die Zeit vordrehen, damit diese schreckliche Auszeit schneller wieder vorbei ist. Cordula entdeckt, dass sie an einem Familienglück festhält, das es so nicht gibt und nie gegeben hat. Das nicht real ist und nicht real war, wie sie es gerne hätte, aber mit Ben nicht möglich ist.

Ben ist kein Familienmensch, das war er noch nie. Er liebt seine Kinder, wahrscheinlich auch Cordula, aber deswegen muss er nicht viel Zeit mit ihnen verbringen. Er liebt seine Arbeit, geht in seiner Tätigkeit auf, liebt Netzwerken, Brainstorming und hat viele Visionen. Er ist fleißig und zielstrebig. Er ist immer in Bewegung. Zeit mit der Familie bedeutet für ihn Langweile, Stillstand, Eintönigkeit. Das hält er nicht aus. Er muss immer was tun oder denken. Ben ist so gut wie nie präsent zu Hause. Nie im Hier und Jetzt.

Cordula sortiert ihre Gedanken: Vielleicht ist es ganz gut, wenn Ben eine Wohnung in Wien hat und sie sich nicht jeden Abend sehen. Eventuell bekommt die Ehe dadurch wieder Schwung. Dann kann er in Wien netzwerken oder nachdenken, und die Zeit zu Hause kann er eventuell mehr genießen.

Die Kombination könnte funktionieren. Gebunden sein und trotzdem seine Freiräume haben. Bei den Kindern sein und sich trotzdem beruflich verwirklichen. Lange verheiratet sein und trotzdem ineinander verliebt sein.

Cordula möchte verheiratet bleiben, Ben ist ihr Mann. Auch wenn er im Moment unzugänglich ist, aber sie hat geschworen, in guten wie in schlechten Zeiten, und dieses Versprechen möchte sie auch halten. Sie liebt Ben, und sie vermisst ihn. Körperlich und emotional. Sie hat das Gefühl, dass ein Teil von ihr verschwunden ist. Ihre bessere Hälfte. Ihre Ladestation. Ihr Gesprächspartner, ihr Freund, ihr Geliebter, ihr Vertrauter. Sie vermisst seine Liebe. Seine Wärme. Seine Nähe. Sie muss mit Ben nicht Tag und Nacht zusammen sein, auch sie will frei sein, aber gleichzeitig gebunden. Sie möchte, dass er die Zeit, die er zu Hause ist, auch geistig bei ihnen ist und nicht mit dem Kopf bei diversen Projekten.

Sie kann sich nun gut vorstellen, dass er eine eigene Wohnung hat, die sie auch nützen kann, wenn ihr alles zu viel wird. Diese Freiheiten, die sie Ben zugesteht, sind auch für sie nicht schlecht. Sie lebt eigenständig und selbstbestimmt, und die Zeit zu zweit ist eine Draufgabe, das Sahnehäubchen, der Höhepunkt. Sie hofft, dass Ben auch zu dieser Einsicht kommt. Sie freut sich schon auf die Verabredung in einem kleinen französischen Bistro in der Wiener Innenstadt in drei Tagen.

Cordula ist aufgeregt. Was soll sie anziehen? Soll sie sich etwas Neues kaufen oder mit Klamotten kommen, die Ben schon kennt? Nein, was Neues! Auf jeden Fall zieht sie besondere Unterwäsche an, man weiß ja nie. Ach, hoffentlich geht das gut! Lieber Gott, fleht sie, mach, dass wir wieder zueinander finden. Cordula macht sich schick, schminkt sich nicht zu viel, ganz dezent. Föhnt sich die Haare und nimmt ihr Lieblingsparfum.

Das wird ein guter Abend, sie hat das im Gefühl. Die Kinder sind bei Oma und Opa, und sie zieht ihr neues Kleid an. Hoffentlich wird der Abend ganz anders als der letzte mit Ben, als sie die ehrliche Aussprache hatten und eine vierwöchige Auszeit vereinbarten. Sie packt auch eine kleine Tasche, wenn alles nach Plan läuft, wird sie bei Ben im Hotelzimmer übernachten und erst morgen am späten Vormittag nach Hause kommen. Mit Ben. Soweit der Plan.

Sie fühlt Schmetterlinge im Bauch und ist nervös, als wäre es das erste Date der beiden. Cordula überlegt, ob sie mit dem Zug nach Wien fahren soll. Das Bistro ist in der Wiener Innenstadt, wo es kaum Parkplätze gibt. Und Zugfahren ist entspannter. Blöd nur, wenn ihr Plan nicht aufgeht, Ben eher an eine Scheidung denkt als an eine Beziehung, dann wäre es echt doof, bei ihm zu schlafen. Zur Not würde sie dann mit dem Taxi nach Hause fahren. Ihr Bauchgefühl sagt ihr, dass alles gut wird.

Es regnet in Strömen, und sie nimmt den Zug. Fährt nach Wien zum Hauptbahnhof, nimmt die U-Bahn bis zum Stephansplatz, steigt dort in einc andere U-Bahnlinie um, und dann ist es nur noch ein Katzensprung zum Bistro. Die letzten Meter bis zum Bistro steigt ihre Aufregung. Sie richtet sich noch die Haare, schaut nochmal in den Spiegel und atmet tief durch. Das Restaurant ist sehr klein, und sie sieht Ben dort an einem Tisch. Er liest in seinem Handy.

Cordula betritt freudig aufgeregt das Lokal, der Kellner sieht ihr mit großen Augen nach, als sie direkt zu dem Tisch geht, an dem Ben sitzt. Ben sieht hoch und springt sofort auf.

Die beiden umarmen sich kurz und unsicher. Ben nimmt Cordula den Mantel ab und macht ihr ein Kompliment, wie toll sie heute aussieht. Alles ist etwas steif und unsicher. Irgendwie sind sie sich fremd geworden. Auch Ben ist aufgeregt, das sieht sie ihm an. Ben bestellt für beide ein Glas französischen Schaumwein und zwölf Stück Weinbergschnecken als Vorspeise. Sie machen zuerst unbedeutenden Smalltalk, reden dann über die Kinder und was sich im Moment beruflich bei beiden tut. Sie prosten sich zu und trinken auf ihre Zukunft.

Während sie die köstlichen Weinbergschnecken essen, geht Ben zum ernsten Teil über. Bei Cordula steigt wieder die Aufregung. Er habe sehr lange und sehr intensiv darüber nachgedacht, was er wolle und was nicht. Mit diesen Worten leitet er sein Statement ein.

»Cordula, ich möchte bei der Familie bleiben, ich habe mich für die Familie entschieden, aber insbesondere für dich. Ich liebe dich und möchte mit dir zusammen sein. Aber ich möchte nicht an die Familie gekettet sein. Freiräume haben. Wenn ich in Wien arbeite, möchte ich mir eine kleine Wohnung nehmen und dort drei Nächte bleiben. Ich brauche Zeit für mich, und die restliche Zeit bin ich für die Familie da. Ich brauche andere Menschen um mich, neue Leute, ich möchte meinen Horizont erweitern, sonst bleibe ich in der Entwicklung stecken. Das möchte ich nicht. Ich hoffe, du kannst damit leben.«

Cordula nimmt erstmal einen Schluck von diesem exquisiten Rosé und antwortet überlegt: »Ben, ich liebe dich, und ich habe in diesen vier Wochen gemerkt, wie wichtig du für mich und für die Kinder bist. Ich verstehe dich, und ich finde das mit der Wohnung sogar gut. Vielleicht können wir sie hin und wieder auch zu zweit nutzen, denn ich finde, die Zeit allein ist wichtig, auch die als Familie, aber die Zeit zu zweit –

unsere Beziehungszeit – sollten wir uns öfter nehmen. Das haben wir in der Vergangenheit zu sehr vernachlässigt. Ich verstehe dich, dass du andere Leute treffen möchtest, um auch andere Perspektiven zu sehen. Ich möchte das genauso. Ich finde, wir könnten flexibler in unseren Vorstellungen von Familie sein. Wie auch immer das in Zukunft aussehen wird, das wichtigste ist, dass wir zusammenbleiben.«

Auch wenn Cordula durch das neue Lebensmodell mit Sicherheit noch mehr allein mit den Kindern ist, als sie in der Vergangenheit war, spürt sie Erleichterung nach ihrem Statement.

Der Abend verläuft sehr harmonisch und romantisch. Ben streichelt sie immer wieder unter dem Tisch, er sucht ihre Nähe. Nach den hervorragenden Weinbergschnecken bestellt Cordula zum Hauptgang eine Bouillabaisse, eine französische Fischsuppe, und dazu einen französischen Muskateller. Ben nimmt einen Fisch mit Kürbisrisotto mit einem Glas Sauvignon Blanc. Sie plaudern ungezwungen, vertraut und verliebt. Zum Dessert teilen sie sich vier Stück Petit fours, trinken noch zwei Espressi und verlassen eng umschlungen das Lokal.

Der Regen hat nachgelassen, und sie spazieren durch die Innenstadt in das Hotel, in dem Ben eingecheckt hat. Immer wieder bleiben sie stehen, umarmen und küssen sich. Als wären sie frisch verliebt, als hätten sie sich soeben in einer Bar kennengelernt.

Am nächsten Tag wacht Cordula in Bens Armen auf. Nach einem schnellen Frühstück fahren beide nach Hause zu den Kindern. Endlich, Ben ist wieder zu Hause. Das Wochenende verläuft ganz okay, aber nicht so euphorisch, wie sich Cordula das vorgestellt hat.

Mein jüngeres Selbst!

Cordulaaaaaaaa, wach auf! Du verbiegst dich schon wieder und stehst nicht zu deinen Werten und zu deinen Bedürfnissen. So wird das nicht gutgehen!

Fühl dich umarmt, dein höheres Selbst!

Die erste Woche nach der Auszeit ist Ben wieder mehr weg als zu Hause, mal beruflich, mal privat. Cordula fühlt sich wieder traurig und verlassen. Aber warum? Sie war doch selbst mit dem Plan einverstanden, dass er mehr Zeit für sich hat. Aber nachdem sie sich so lange nicht gesehen, gespürt und gefühlt haben? Sie kann es nicht ändern, sie fühlt eine tiefe Traurigkeit, so als wäre sie hart auf dem Boden der Tatsachen gelandet. Auch ihr Energiepegel ist weit unten. Sie versteht das nicht. Sie versteht sich nicht. Eigentlich müsste sie auf Wolke sieben schweben, aber sie tut es nicht.

Ihre Gefühle sagen ihr was anderes als der Kopf. War das alles nur Einbildung? Wollte nur der Kopf Ben zurück, das Herz aber gar nicht? Das Abendessen, die Nacht, da waren sie wie frisch verliebt, das hat sich richtig angefühlt. Doch irgendwas ist passiert, denn Ben war nach der Morgendusche wie ausgewechselt. Warum nur? Sie spricht mit Ben darüber, und ihm ist nichts aufgefallen.

»Cordula, ich habe keine Ahnung, was am Morgen nach unserer ersten gemeinsamen Nacht war. Ich war ganz normal, wahrscheinlich war es für mich ungewohnt, wieder zu zweit aufzuwachen und zu zweit zu frühstücken. Ich habe die letzten vier Wochen allein geschlafen, allein gefrühstückt. Es ist alles okay, Cordula. Mach dir keinen Kopf.«

Sie macht sich aber Gedanken, sie fühlt, dass irgendwas nicht in Ordnung ist. Sie fühlt eine Traurigkeit. Ihre Intuition sagt ihr, dass Ben nicht wirklich bei ihr ist. Nach den ersten zwei gemeinsamen Wochen sucht Ben das Gespräch mit Cordula, weil ihm natürlich auffällt, dass sie nicht glücklich ist.

»Hast du dir was vorgemacht, Cordula? Wolltest du dich doch trennen und hast es dir nicht erlaubt, das auszusprechen?«

»Nein, das ist es nicht. Ich wollte dich zurück, Ben. Ich möchte mit dir leben. Ich weiß nicht, was mit mir los ist. Ich fühle mich deprimiert, ich spüre eine tiefe Traurigkeit in mir, ich weiß selbst nicht, woher das Gefühl kommt. Ich kann mir das nicht erklären. Ich spüre Trauer, Schmerz und Angst. Angst, dass ich dich verliere. Ich stehe dazu, was ich dir gesagt habe. Ich möchte, dass du deine Freiheiten hast. Ich möchte sie ja auch. Ich will auch keine Kontrolle über dich. Aber irgendetwas verunsichert mich massiv.«

Ben denkt nach.

Cordula schweigt, dann sagt sie: »Kann ich mich darauf verlassen, dass du treu bist, dass du nicht vor mir wegrennst, wenn du in Wien schläfst, wie kann ich dir vertrauen?«

»Cordula, du musst mir vertrauen. Ich liebe dich, und du bist meine Frau. Ich weiß, ich wiederhole mich, aber ich brauche nicht die Wohnung, um mich mit anderen Frauen zu treffen. Ich brauche die Wohnung, um Ruhe zu haben und mich um meine Interessen zu kümmern. Du musst mir vertrauen, und du sollst mich nicht kontrollieren.«

Das weiß Cordula selbst, Kontrolle ist das Gegenteil von Liebe. Aber was macht es ihr so schwer? Sie weiß es nicht. Sie fühlt sich verloren. Sie kommt nicht zum Ursprung, zur Wurzel ihrer Probleme. Irgendwie hat sie im Gefühl, dass da jemand dazwischen ist. Eine andere Frau. Aber sie spricht es nicht an, denn Ben würde es sowieso verneinen.

Mein jüngeres Selbst!

Ben steht zu sich und zu seinen Bedürfnissen. Du aber nicht! Du willst keinen Ben, der noch öfter weg ist, du lässt dich hier auf einen faulen Kompromiss ein. Du willst ein intaktes Familienleben, Cordula. Siehst du das nicht? Du willst für deine Kinder da sein, aber nicht rund um die Uhr und nicht alleine! Du willst unabhängig sein, finanziell und emotional –, aber du machst genau das Gegenteil. So bist du noch abhängiger von Ben, und er kommt und geht, wann er will, ohne Verpflichtungen, ohne Verantwortung. Cordula, das ist kein Leben, wie du es dir erträumt hast. Wach endlich auf, du musst zu deinen Werten stehen. Alles andere führt zur nächsten Katastrophe! Wovor hast du Angst? Dass Ben dich verlässt? Es läuft darauf hinaus. Er ist mehr weg als zu Hause, und das ist erst der Anfang. Wenn er seine Wohnung und seinen neuen Job hat, siehst du ihn, wenn er dir seine Schmutzwäsche nach Hause bringt oder wenn ihn der Hunger plagt. Cordula, du wirst immer mehr zur Marionette. Liebe bedeutet nicht Schmerz, Trauer, Verlust. Liebe ist Hingabe, Wärme, Vertrauen, Freiraum ...

Fühl dich umarmt, dein höheres Selbst!

Ben macht es ihr im Moment nicht gerade einfach, Vertrauen aufzubauen. Mal ist er lieb und im anderen Moment furchtbar übellaunig. Cordula kann mit diesen Gefühlsschwankungen nicht umgehen. Ben ist nicht berechenbar. Sie gibt ihm den von ihm gewünschten Freiraum, aber trotzdem ist er genervt, wenn er wieder einmal zu Hause ist. Ob das auf Dauer auszuhalten ist, ist fraglich. Einerseits redet sie sich ein, dass es der richtige Weg ist. Ben braucht seinen Freiraum, sie auch, aber es fällt ihr total schwer, das zu akzeptieren. Sie würde einen anhänglichen Ben auch nicht ertragen, der immer wieder nachfragt, was sie den ganzen Tag so macht.

Sie fühlt sich total in die Ecke gedrängt. Seine Forderung, dass er eine halbe Woche nicht zu Hause ist, macht ihr zu schaffen. Er bestimmt in der Beziehung über Nähe und Distanz, und sie muss sich fügen. Manchmal denkt sie, es wäre leichter, wenn sie sich trennen würden. Zu verschieden sind ihre Vorstellungen vom Leben. Es wirkt alles so verkrampft, so gezwungen, so kompliziert.

Aber immer wieder reißt sie sich am Riemen und kämpft um ihre gemeinsame Ehe. Sie liebt ihn, und sie wünscht sich eine intakte Beziehung zu ihm auf Augenhöhe. Eine Beziehung, in der auch sie gesehen wird. Ben sieht sie nicht wirklich. Er sieht nur, was er sehen will. Er sieht die starke Frau, die Mutter, die Hausfrau und die Partnerin. Aber er sieht nicht die sensible Frau dahinter. Dennoch kämpft sie mit allen Mitteln um ihn und um die Ehe. Sie glaubt, dass die Schuld an ihr und ihrem Misstrauen liegt. Sie schreibt ihm eine kurze Mail: »Ich liebe dich, und ich weiß, wenn ich es schaffe, loszulassen und dir zu vertrauen, bin ich frei. Dann habe ich keine Angst mehr, dich zu verlieren, und kann beginnen, mein eigenes Leben zu leben. Verheiratet, mit dir verbunden, aber nicht angebunden. Du und ich sind es wert, dass ich hart an mir arbeite.«

Ben reagiert nicht darauf. Er kommt nach Hause und sagt: »Ich liebe dich nicht mehr, ich möchte mich trennen.«

Es ist Freitag, ein Tag vor dem 5. Geburtstag von Louis.

Mein jüngeres Selbst!

Dalai Lama sagte einmal: »Die schwierigsten Zeiten sind die besten zur Entwicklung innerer Stärke.« Mehr sage ich heute nicht.

Fühl dich umarmt, dein höheres Selbst!

Für Cordula bricht eine Welt zusammen. Während Louis mit seinen Freunden seinen 5. Geburtstag lautstark feiert, versucht Cordula, ihre Tränen zu unterdrücken. Sie fühlt sich ausgelaugt, das Atmen fällt ihr schwer, und das Herz fühlt sich an wie ein schwerer Stein. Sie schaut fast minütlich auf die Uhr, die Zeit vergeht langsamer als sonst. Ben spielt mit den Kindern Fußball, und für Cordula sind die aufgedrehten, energiegeladenen, quirligen Kinder kaum auszuhalten. Aber irgendwie gehen auch diese Stunden vorbei, und danach bricht sie völlig zusammen. Es fühlt sich an, als ob sie vor einer endlos hohen, steilen, schwarzen Wand steht, die nicht zu bezwingen ist.

Sie weint, sie kann gar nicht aufhören zu weinen. Trennung, Scheidung, drei Kinder, und sie hat im Moment kein eigenes Einkommen, weil sie ihre Selbständigkeit wegen der privaten Turbulenzen immer wieder verschoben hat – wie soll das überhaupt gehen? Ben bleibt kühl. Keine einzige Träne fließt, keine

Emotion ist spürbar. Weder Erleichterung noch Trauer. Er ist felsenfest davon überzeugt, dass das der einzig richtige Weg ist. Er hat nach den Tagen der Auszeit gefühlt, dass es die falsche Entscheidung war, zur Familie und vor allem zu Cordula zurückzukommen.

Cordula fällt in ein Tief, aber sie funktioniert tagsüber. Sogar die Familienfeier für Louis drei Tage später bringt sie über die Bühne, und die anwesenden Gäste bemerken gar nicht, dass sie gerade eine sehr schwierige Zeit durchlebt. Sie versucht, sich zu pushen, sie weiß, wenn sie durch dieses Tal gegangen ist, dann ist sie frei. Dann kann sie wirklich nichts mehr umwerfen.

Doch wie kommt sie durch diese Zeit? Alles fühlt sie nicht real an. Tagsüber geht es irgendwie, da muss sie funktionieren. Der Tag ist dank der Kinder strukturiert. Sie hat ein paar kleine Visualisierungen angenommen, die kann sie von zu Hause aus abwickeln. Das lenkt sie etwas ab, denn am liebsten würde sie sich im Bett verkriechen, morgens gar nicht aufstehen. Aber da sind ja die Kinder, die brauchen sie, jetzt noch mehr als sonst. Sie versucht, alles so gut wie möglich so zu lassen wie immer, obwohl Ben nicht mehr bei ihnen ist.

Beim Mittag- und Abendessen reden sie und die Kinder. Louis begreift es noch nicht. Er fragt zwar hin und wieder, wann Papa wiederkommt, aber dann vergisst er es wieder. Die beiden Mädchen sind sehr traurig. Machen sich Gedanken, was die Freundinnen sagen oder die Leute aus dem Ort. Cordula versucht, ihnen das Gefühl zu geben, dass sie nach wie vor eine Familie sind, auch wenn Papa nicht immer bei ihnen ist. Und es egal ist, was andere sagen und denken, darauf hat man ja nie Einfluss.

»Es kommt einzig und allein darauf an, wie wir uns fühlen, was wir denken, wie wir damit umgehen«, sagt sie zu den beiden Mädchen und umarmt sie fest.

Cordula glaubt nicht ganz, dass es wirklich vorbei ist, sie glaubt, dass alles wieder gut wird. Sie lässt jede Emotion zu, jedes Gefühl darf kommen. Sie zieht sich zurück. Spricht nur mit ihrer besten Freundin über die Trennung. Sie möchte eigentlich gar nicht reden. Zuviel Wirbel ist in ihrem Kopf. Sie muss sich sammeln. Sie braucht Zeit und Ruhe. Manchmal denkt sie, dass Ben nur eine Auszeit braucht. Eine zweite Auszeit, eine längere. Sie glaubt, dass er wieder zurückkommt. Sie können ja nicht ohne einander. Wahrscheinlich kann er die Liebe gerade nicht spüren. Wenn sie ihm die kalte Schulter zeigt, wenn sie ihm das Gefühl gibt, dass sie ohne ihn ganz gut leben kann, wenn er Sorge haben muss, dass eventuell ein anderer Mann in ihr Leben kommt, wird er sich seiner Liebe schon wieder bewusst werden.

Ben kommt ab und zu nach Hause, um die Kinder zu sehen. Er macht nicht den Eindruck, dass er wieder zurückwill. Er sagt ihr immer wieder ganz klar, dass das für ihn endgültig ist und er im Moment bei seinen Eltern wohnt, aber nach einer Wohnung sucht. Er redet von Scheidung, von Besuchsrecht, von Alimenten. Cordula hört zwar alles, aber gedämpft, als ob Ben sehr weit weg wäre oder durch ein Rohr sprechen würde. Sie will das alles nicht glauben und bleibt dabei, dass das nur eine Phase ist. Immer wenn sie mit Ben zusammen ist, ist sie enttäuscht, weil sein Verhalten nicht zu ihren Gedanken passt. Danach ist sie tagelang in einem Tief.

Es hilft nichts, es sieht tatsächlich so aus, als ob das Ende endgültig wäre. Sie ruft ihren Zwillingsbruder an und schüttet ihm ihr Herz aus, und sie sagt es ihren Eltern, weil die bekommen das sowieso mit, wenn Ben nur alle heiligen Zeiten nach Hause kommt. Alle leiden mit ihr mit oder fühlen mit, aber es ist für ihre Eltern keine Überraschung. Ben hat auch auf sie im letzten Jahr anders gewirkt. Er war nicht mehr richtig anwesend. Cordula möchte gar nicht groß über ihn reden, sie kann ihn nicht verstehen, sie versucht es, aber sie kann es nicht. Sie kann es nur akzeptieren.

Mein jüngeres Selbst!

Heute erzähle ich dir etwas über die verschiedenen Phasen einer Trennung, es gibt insgesamt fünf :

1. Phase: Verleugnung [5]

In dieser Phase wollen wir die Trennung nicht wahrhaben. Entweder suchen wir Kontakt zum Ex-Partner, oder wir lenken uns ab, um auf keinen Fall an ihn denken zu müssen. Die Trauergefühle werden schlichtweg verdrängt, um uns selbst zu schützen. Jeden Morgen muss neu realisiert werden, dass wir eigentlich nicht mehr mit unserem Partner zusammen sind.
Manchmal wird die Trennung in dieser Phase sogar vor Freunden und Familie verschwiegen, weil wir insgeheim glauben, dass wir ohnehin wieder mit dem Partner zusammenkommen.

**Fühl dich umarmt bis zur 2. Phase,
dein höheres Selbst!**

Ben ist noch überall im Haus präsent, überall noch seine Kleidung, seine Schuhe, seine Ordner, sein Computer, seine Bücher, seine Schallplatten. All diese Dinge will Cordula nun weghaben. Seine schlechte Energie muss raus.

Sie ordnet seinen chaotischen Schreibtisch und regt sich über seine Unordentlichkeit auf. Doch dann schafft sie den gesamten Schreibtisch mit Hilfe der Mädchen aus dem Haus in ein Nebengebäude. Am besten weit weg, sie will nichts mehr von seinen Sachen sehen. Sie dekoriert das Haus um und fühlt sich kurzzeitig tatsächlich leichter und frischer. Cordula ist wütend und traurig zugleich. Sie ärgert sich, dass er ihr keine Chance gegeben hat, für die Beziehung zu kämpfen. Cordula hat vorgeschlagen, eine Paartherapie zu machen. Da hat er nur gemeint, dass es unfair sei, in eine Sanierungsphase zu gehen, wenn er dem von vornherein keine Chance beimessen würde. Blöder kann man das nicht mehr ausdrücken. Noch im Nachhinein ärgert sie sich über diese Worte. Sanierungsphase, so als wären sie ein Großkonzern, der saniert werden müsste.

Sie wird das Gefühl nicht los, dass da eine andere Frau im Spiel ist. Warum verlässt er sie so schnell? Er hat zwei Koffer mit Kleidung gepackt, und weg war er. Offensichtlich war er sicher, dass sein Weg der richtige ist. Sie versteht das alles nicht. Ben meint, sie würden nicht zusammenpassen, im letzten Jahr sei ihm das so richtig bewusst geworden. Er möchte frei sein, möchte in Wien wohnen, weggehen, Freunde treffen, essen gehen, ins Museum. Er möchte keinerlei Verpflichtungen und Verantwortung Cordula gegenüber haben. Für die Kinder würde er finanziell sorgen und sie alle vierzehn Tage am Wochenende zu sich nehmen.

2. Phase der Trennung: Wut [5]

Wir haben nun verstanden, dass wir wirklich von unserem Partner getrennt sind, und werden wütend darüber. Wir projizieren unsere Wut auf den Ex, auf uns selbst oder auf die ganze Welt. Alles, was uns an unserem Ex-Partner irgendwann mal gestört oder wütend gemacht hat, wird uns plötzlich bewusst. Wir ärgern uns über uns selbst, dass wir mit so einem schlechten Menschen überhaupt zusammen und so blind waren, ihm zu vertrauen. Es entstehen regelrechte Hassgefühle, und wir sind neidisch auf alle glücklichen Paare in unserer Nähe.

Fühl dich umarmt bis zur 3. Phase, dein höheres Selbst!

Immer wenn es schwierig mit den Kindern ist, wird sie wütend auf Ben. Warum nur hat er sie im Stich gelassen? Zwar versucht sie es, aber sie kann ihm das nicht verzeihen. Am liebsten würde sie sich neu verlieben und Ben vergessen. Das geht aber nicht. Sie ist noch nicht bereit für eine neue Beziehung, und auf ein Abenteuer hat sie keine Lust. Nein, das ist alles nichts für sie. Sie möchte sich Zeit nehmen und diese Trennung verarbeiten. Mit allem, was dazugehört. Sie nimmt sich einen Coach als Hilfe.

Das Reden mit einer fremden Person tut ihr gut, er hört zu und fragt nach. Danach fühlt sie sich erleichtert, als ob von dem schweren Sack, den ihr Ben umgehängt hat, ein paar Steine rausgenommen worden wären.

Vielleicht wäre die Beziehung doch zu retten gewesen? Cordulas Kopfkino geht wieder von vorne los. Vielleicht doch eine andere Frau, wahrscheinlich wohnt er schon bei ihr. Cordula beschließt, ihn einfach zu fragen.

»Ben, ich frage dich das nur einmal.« In Wirklichkeit hat sie ihm diese Frage schon öfter gestellt. »Ist eine andere Frau im Spiel? Ich verstehe nicht, warum du die Familie so einfach aufgibst. Bitte, sag mir die Wahrheit.«

Er reagiert unwirsch: »Nein, Cordula, es gibt keine andere Frau. Du kannst mir glauben.«

»Dann könnten wir es doch nochmal versuchen. Wir können an uns arbeiten. Jeder für sich. Ben, bitte wirf unsere Ehe nicht so einfach weg – fünfzehn Jahre! Gib uns noch eine Chance!«

»Nein, Cordula, ich sehe da keinen Weg mehr.«

3. Phase der Trennung: Verhandeln (5)

Diese Phase wirft uns wieder etwas zurück und ähnelt der ersten Phase der Verleugnung. Die Wut wandelt sich in eine Art Hoffnung. Wir machen dem Ex-Partner Versprechungen oder drohen, um irgendwie wieder mit ihm zusammenzukommen. Wir versuchen, das Unausweichliche doch noch irgendwie zu vermeiden. Wenn dieser Versuch scheitert, gelangen wir in die vierte Phase.

Fühl dich umarmt bis zur 4. Phase, dein höheres Selbst!

Ben hat sich einfach aus dem Staub gemacht. Sie kümmert sich verstärkt um die Mädchen, fährt mit Esther zu Tennisspielen und begleitet Olivia zu Konzerten. Natürlich wissen schon die meisten Eltern in ihrem Bekanntenkreis, dass Ben und sie sich getrennt haben. Niemand spricht es an, aber ihre Blicke verraten alles. Eine Mischung aus Mitleid, Mitgefühl und Neugier. Cordula fühlt sich beobachtet, egal, wohin sie geht. Die Wut auf Ben kommt immer wieder in Schüben, dominant ist das Gefühl der Trauer. Sie ist traurig, tieftraurig. Weint sehr viel, oft tagelang. Auch vor den Kindern. Die Kinder sind dann natürlich auch traurig, aber Cordula möchte sich nicht verstecken. Sie will ehrlich mit ihnen und mit ihren Gefühlen umgehen. Sie redet nie schlecht über Ben, und sie verspricht den Kindern, egal wie es ausgeht, sie bleiben eine Familie, sie bleiben alle fünf miteinander verbunden, das ist ein Band, das ein Scheidungsrichter nicht trennen kann. Mehr als einmal erklärt sie den Kindern: »Auch wenn sich Mama und Papa nicht mehr lieben, wir mögen uns, und wir bleiben immer Mama und Papa für euch. Ben und Cordula haben sich getrennt, nicht Mama und Papa.«

Die Tränen laufen ihr immer wieder übers Gesicht. Sie kann es nicht steuern. Ob beim Friseur oder im Restaurant. Die Tränen laufen und sind nicht zu stoppen. Natürlich ist es ihr unangenehm, alle Leute im Restaurant sehen sie an, Cordula wäre am liebsten unsichtbar. Den Kindern erzählt sie, dass die Tränen das Fenster zum Herzen wieder säubert, damit das Herz wieder besser fühlen kann.

Auch wenn sie wütend und traurig ist, sie wird mit Ben nicht streiten. Es wird keinen Rosenkrieg geben. Nicht um das Haus, nicht um die Kinder. Sie strebt eine friedliche Trennung an, und das ist auch im Sinn von Ben. Sie möchte respektvoll mit Ben und mit dem Thema umgehen, damit die Kinder Scheidung und Trennung nicht negativ bewerten. Trennung kann ja auch positiv sein, wenn sich Mama und Papa danach besser verstehen als in der Zeit vor der Trennung.

4. Phase der Trennung: Trauer[5]

Wir haben realisiert, dass die Trennung endgültig ist und dass Hoffen sinnlos ist. Die Beziehung ist vorbei und darf betrauert werden. In dieser Phase sind wir antriebslos und unmotiviert, haben Schlafprobleme und oft keinen Appetit. Diese Phase ist ganz wichtig, die Trauer soll ausgelebt werden. Nur darf man sich nicht ganz aufgeben und in die Opferrolle fallen.

Fühl dich umarmt bis zur 5. Phase, dein höheres Selbst!

Cordula hat eine kämpferische Natur. Sie lässt sich nicht hängen. Sie quält sich täglich und macht ihre Morgenroutine, Atemübungen und Rückenübungen. Trainiert und powert sich aus, ernährt sich gesund, ja, sie stellt in dieser schwierigen Zeit ihre Ernährung um.

Jetzt ernährt sie sich tatsächlich so, wie es ihr vor Jahren Emil empfohlen hatte. Kein Mehl, keine Süßigkeiten, wenig Zucker, wenn dann nur in Form von Desserts (sehr selten), viel Gemüse und Obst und viele Suppen. Sie hat eine Kohlrabi-Süßkartoffelsuppe mit Kokosmilch kreiert, die ein wahrer Seelentröster ist.

Cordula ist viel an der frischen Luft, sehr oft allein im Wald unterwegs. Das hat sie sich lange nicht getraut, und jetzt genießt sie es sehr. Früher hatte sie allein im Wald Angst, Angst vor Wildschweinen und Angst, dass sie überfallen wird. Diese Angst hat sie jetzt überwunden und merkt, wie gut ihr das Alleinsein tut. Die Natur gibt ihr Kraft.

Sie umgibt sich nur noch mit Menschen, die ihr guttun. Jetzt merkt sie, wer ihr guttut und wer nicht. Cordula ist sehr achtsam mit ihren Gedanken und Gefühlen.

Wenn sie auf Ben trifft, gibt sie sich stark. Sie können reden. Sie vereinbaren, dass Cordula mit den Kindern im Haus bleibt, um die Kinder nicht aus der gewohnten Umgebung zu zerren. Er zahlt Alimente, auf Unterhalt verzichtet Cordula. Nie im Leben würde sie sich von Ben mehr Geld als nötig nehmen. Jetzt schon gar nicht, dafür ist sie zu stolz. Der Schmerz über den Verlust kommt in Wellen, manchmal wird sie von ihren Gefühlen übermannt. Die Termine mit ihrem Coach tun ihr gut, er kann ihr in Sachen Verlustangst helfen. Sie genießt die Zeit zu Hause. Sie fühlt sich langsam freier.

Manchmal fällt sie in ihr altes Muster zurück, und ihr Ego macht ihr einen Strich durch die Rechnung. In solchen Phasen sehnt sie sich nach Ben. Dann möchte sie, dass alles wieder beim Alten ist. Obwohl sie weiß, dass es den Ben von früher nicht mehr gibt. Sie lässt die Beziehung Revue passieren. Sie sieht mittlerweile vieles sehr klar. Sie sieht auch ihren Anteil am Scheitern und den von Ben. Und sie spürt eine zarte Gelassenheit in sich, einen Ansatz von innerem Frieden, obwohl die Situation nicht einfach ist und ihr Herz nach wie vor schmerzt. Dennoch ist sie davon überzeugt, dass es der einzig richtige Weg ist, Ben hatte schon recht. Sie passen nicht zusammen.

Sie konnten nicht einfach so weitermachen, das würde zu nichts führen, außer zu Frust und Unzufriedenheit. Das größte

Problem in ihrer Beziehung war, dass sie sich nicht auf Augenhöhe begegnet sind. Ben hatte seine Karriere im Kopf und ist automatisch davon ausgegangen, dass Cordula den Rest erledigt. Und wenn Ben mal die Kinder hatte, zum Beispiel während der Ausbildung zur Mentaltrainerin, zeigte er ihr immer seine Überforderung mit extrem schlechter Laune.

Oft hat sie am Wochenende gearbeitet, denn das war praktisch, denn dann konnte Ben auf die Kinder schauen. Wenn Cordula nach einem anstrengenden Arbeitstag nach Hause kam, sah das Haus aus, als ob eine Bombe eingeschlagen hätte, und Ben verließ sofort das Haus. Er hat quasi nur darauf gewartet, dass Cordula nach Hause kommt, um zu fliehen. Einmal ist er sogar vor der Eingangstür gestanden, hat ihr Louis in die Hand gedrückt und ist auf und davon, ohne ein Wort zu sagen. Natürlich war das nicht unterstützend, sondern verletzend. Ben konnte sich extrem kindisch verhalten. Wie war Cordulas Reaktion darauf?

Sie hat sich immer wieder gedacht, dass ihre Karriere nicht so wichtig sei und sie gern für die Familie, für die gute Stimmung zu Hause auf Aufträge verzichte.

Aber rückblickend war das nicht richtig. Das war das Blödeste, was sie tun konnte. Dadurch hat sich Ben mit seinen kindischen Spinnereien durchgesetzt. Und Cordula hat sich unbewusst in eine Negativspirale begeben. Denn wie kann man mit einem Mann glücklich sein, der einen augenscheinlich nicht unterstützt. Der sich immer überfordert und benachteiligt fühlt.

Cordula hat sich dadurch paradoxerweise immer mehr von Ben abhängig gemacht. Finanziell und emotional. Das war ein schleichender Prozess, der über Jahre gedauert hat. Dieses Ungleichgewicht war wie ein Gift für die Ehe.

Ben dagegen hatte sich alle Freiheiten der Welt genommen und fühlte sich mit der Familie eingesperrt, weil er das Gefühl hatte, Cordula hält ihn zurück.

5. Phase der Trennung: Akzeptanz[5]

Früher oder später folgt die letzte Phase: die Akzeptanz. Sie ist ernüchternd, aber auch erleichternd. Die Trennung ist nun vollzogen, und das Leben geht irgendwie weiter. Wir akzeptieren unsere Machtlosigkeit und sehen vielleicht sogar einen Sinn in der Trennung. Außerdem ist es für uns in Ordnung, dass wir unsere Trauergefühle nun verabschieden, denn nur so können wir nach vorn schauen.
Durch diesen letzten Schritt ist sogar ein normaler, freundschaftlicher Umgang mit unserem Ex-Partner möglich. Wir verfallen nicht jedes Mal in Trauer oder Wut, wenn wir ihn sehen. Auch wenn er irgendwann eine neue Partnerin hat, finden wir das vielleicht nicht unbedingt toll, aber wir kommen damit klar. Insbesondere, wenn Kinder im Spiel sind, ist eine abgeschlossene Phase der Akzeptanz wichtig für den weiteren Umgang miteinander.

Fühl dich umarmt, dein höheres Selbst!

Es ist Winter, Semesterferien, und die beiden haben vor Monaten, noch lange vor der Trennung, einen Familienskiurlaub gebucht, in einem einsamen Hotel am Berg. Weit und breit keine Ablenkung. Die Kinder wünschen sich, dass sie als Familie in den Urlaub fahren. Ben ist nicht wohl bei der Sache und Cordula irgendwie auch nicht. Einerseits möchte sie gerne dabei sein, sie liebt die Berge, den Schnee, Skifahren, andererseits hat sie keine Vorstellung davon, wie das ablaufen wird. Es kann gutgehen, aber auch nicht. Sie können komplett zerstritten nach Hause kommen. Andererseits könnten sie auf dieser einsamen Hütte im verschneiten Winterwonderland wieder zueinander finden. Wer weiß, im Nachhinein wird sie gescheiter sein.

Ben hat Angst, dass alles eskaliert und es zu einem bösen Streit kommt. Er schlägt vor, dass er drei Tage allein mit den Kindern fährt und Cordula am vierten Tag nachkommt. Dann hatte er und die Kinder sich schon eingewöhnt, hatten schon tolle Skitage erlebt. Falls dann alles schiefläuft, würde er wenigstens schon ein wenig Erholung mit den Mädchen und mit Louis haben. Cordula ist einverstanden, ist überhaupt nicht streitsüchtig. Damit Ben beruhigt und auch entspannt ist, fährt sie mit dem Zug nach.

Sie genießt die Anreise mit dem Zug. Es hat etwas Beruhigendes, mit der Bahn in den Urlaub zu fahren. Ben holt sie vom Bahnhof ab, ist sehr distanziert, und die Kinder sind aufgedreht. Mit dem Skidoo werden sie ins Hotel gebracht, das tatsächlich einsam am Berg liegt. Herrlich, einfach wunderbar. Diese Anreise war schon sehr spektakulär. Das Zimmer hat zwei Etagen, Ben schläft mit Olivia und Louis oben und Cordula mit Esther unten. Sie gehen ganz normal miteinander um. Von außen betrachtet merkt niemand, dass sie kein Paar mehr sind. Sie reden viel, lachen auch miteinander, aber Ben ist vorsichtig und distanziert. Alles in allem ist es ein sehr schöner Familienurlaub, ohne Erwartungen, die Kinder sind glücklich und reden vom schönsten Urlaub überhaupt. Bei der Abreise kommt bei Cordula Trauer auf, dass diese Idylle nun wieder zu Ende ist. Sie haben doch so gut miteinander harmoniert.

6

DAS GOLD

Mein jüngeres Selbst!

Du musstest es echt auf die harte Tour lernen. Ich bin sehr stolz auf dich, wie du durch diese Trennung gegangen bist, erhobenen Hauptes, ehrlich zu dir, ehrlich zu den Kindern, und das Schöne, du konntest deine Schwächen zulassen. Endlich! Du hast nicht mehr die Starke gespielt, sondern hast deine verletzliche Seite gezeigt. Um eine Trennung zu verarbeiten braucht man Zeit, Ruhe und die Natur. All das hast du instinktiv in Anspruch genommen. Mittlerweile bist du deinem wahren Kern schon sehr nahe. Du spürst dich wieder, deine Bedürfnisse, und du bist ehrlich genug, um darauf auch Rücksicht zu nehmen. Lass los, was dir nicht mehr dient! Wir halten manchmal an Dingen fest, die uns nicht guttun. Oder wollen Situationen nicht wahrhaben und kämpfen ständig dagegen an. Dabei stehen wir uns selbst im Weg. Hier eine Übung zum Loslassen:
Atme tief ein und aus und entspanne deinen Körper. Mit jedem Atemzug entspannst du dich mehr und mehr. Dann stell dir einen wunderschönen Platz vor, er kann real sein oder auch nur in deiner Fantasie existieren. Genieße diesen Kraftort mit allen Sinnen, die Geräusche, den Geruch, vielleicht spürst du auch den Boden, wie sieht es dort aus? Plötzlich landet in der Nähe von dir ein großer Heißluftballon, aber sein Korb ist leer. Und in diesen Korb kannst du alles reingeben, was du nicht mehr in deinem Leben haben möchtest. Das können Ängste, Zweifel, negative Gedanken oder ein Gefühl sein. Dann sieh zu, wie der Heißluftballon aufsteigt und immer mehr an Höhe gewinnt. Du kannst von unten aus zusehen, wie er

von dannen zieht. Sieh zu, wie er hinter dem Horizont verschwindet und mit ihm auch die ungeliebten Dinge im Korb. Stell dir vor, wie er aus dem Land fliegt, aus dem Kontinent, weg vom Planeten und irgendwo im Weltall verschwindet. Atme tief ein und aus, komme zurück ins Hier und Jetzt, und genieße das Gefühl der Leichtigkeit. Diese Übung kannst du immer machen, wenn du etwas nicht mehr in deinem Leben haben möchtest.

Fühl dich umarmt, dein höheres Selbst!

Cordula weiß mittlerweile, dass Ben nicht der richtige Mann für sie ist. Und sie ist nicht die richtige Frau für ihn. Diese Erkenntnis schmerzt, aber ist wichtig. Cordula weiß genau, was sie will. Sie wünscht sich eine Beziehung, die ehrlich gemeint ist, bei der die Liebe im Mittelpunkt steht und jegliches Verhalten darauf basiert, dem anderen nicht zu schaden, sondern ihn zu unterstützen – bei seinen Träumen, bei seinen Zielen. »Wahre Liebe schenkt uns Schönheit, Frische, Festigkeit, Freiheit und Frieden. Wahre Liebe beinhaltet ein Gefühl tiefer Freude darüber, lebendig zu sein. Wenn wir das nicht spüren, dann ist es keine wahre Liebe.«[(6)]

Und als sie endlich bereit ist, ihren Traum der Selbständigkeit zu erfüllen, ins kalte Wasser der Unsicherheit zu springen, steht plötzlich die ganze Welt still. »Eine neuartige Krankheit mit dem Namen Covid-19«[(6)] hat sich, von Asien ausgehend, in der ganzen Welt ausgebreitet. Es handelt sich um einen hochansteckenden Virus, der tödlich sein kann. Alle Menschen weltweit werden angehalten, zu Hause zu bleiben und sich nicht mit anderen Menschen zu treffen. Die Bundesregierung in Österreich verhängt einen sogenannten Lockdown, nur systemrelevante Berufsgruppen dürfen arbeiten gehen – Ärzte, Pflegepersonal, Polizisten und Personen, die im Lebensmittelhandel arbeiten. Alle anderen müssen in Home Office, also ihre Arbeit von zu Hause aus verrichten, der Schulunterricht wird auf Distance Learning umgestellt, Kindergärten stellen auf Notbetrieb um.

Cordula darf nur noch eine Person aus einem anderen Haushalt treffen. Und Ben, denn sie sind nach wie vor verheiratet.

Cordula ist nun rund um die Uhr, vierundzwanzig Stunden am Tag, sieben Tage die Woche mit den Kindern zu Hause. Eine Mammutaufgabe. Gleich am ersten Tag des Lockdowns wird ihr erster Auftrag storniert. Niemand weiß genau wie lange diese Pandemie dauert und welche Auswirkungen sie auf die Wirtschaft hat.

Cordula ist völlig durcheinander, die ganze Welt steht still. Es ist ein höchst eigenartiges Gefühl. Tausende Menschen sterben, Krankenhäuser sind überlastet, Intensivstationen stoßen an ihre Kapazitätsgrenzen. Die Menschen sind teilweise panisch und in voller Sorge, andere wiederum negieren die Krankheit komplett und glauben an irgendwelche Verschwörungstheorien. Cordula hält sich an alle Empfehlungen und meidet soziale Kontakte.

Die beiden Mädchen bekommen Aufgaben online geschickt. Olivia kann diese Hausarbeiten selbständig erledigten, Esther noch nicht. Sie geht in die erste Klasse Gymnasium, und bislang hatten sie nur wenig mit dem Computer gearbeitet. Was bedeutet, dass Cordula nun auch Teilzeitlehrerin ist, und Louis muss sie auch irgendwie beschäftigen. Zusätzlich muss sie sich Gedanken um ihre berufliche Zukunft machen, denn sie hat kaum Rücklagen. Eine besonders prekäre Situation. Cordula ist ein absoluter Freiheitsmensch und fühlt sich komplett eingesperrt. Außerdem überfordert sie die finanzielle Situation. Ungeahnte Angst durchströmt sie. Als ob innerlich ein Vulkan ausbrechen würde.

Es ist pure Existenzangst. Cordula ist wie gelähmt, sie kann nicht mehr klar denken und heult nur noch. Sie hat Angst, dass sie ihre Kinder nicht mehr ernähren kann. Ben versucht sie am Telefon zu beruhigen. Aber er schafft es nicht. Sie bittet ihn zurückzukommen, jetzt, wo die ganze Welt den Bach runtergeht, müssen sie doch zusammenhalten, als Familie, als Ehepaar.

Ben reagiert überlegt und meint: »Nein, Cordula, das macht keinen Sinn. Ich werde die Kinder und dich nie im Stich lassen, aber ich komme nicht wieder zurück. Ich kann nicht.«

Cordula versteht ihn wieder einmal nicht. Wie kann er sie in so einer Situation allein lassen? Cordula kann nicht schlafen, die Angst fesselt sie. Ihr Körper fühlt sich bleiern an. Am liebsten würde sie sich auflösen. Aufhören zu atmen. Aufhören zu existieren.

Mein jüngeres Selbst!

Hermann Hesse sagte einmal: »Die Verzweiflung schickt Gott nicht, um uns zu töten, er schickt sie, um neues Leben in uns zu wecken.« Mehr sage ich heute nicht.

Fühl dich umarmt, dein höheres Selbst!

Cordula versucht, die Angst zuzulassen. Gefühle kommen und gehen, denkt sie sich, wenn sie sich dagegen wehrt, werden sie nur stärker. Also annehmen und wieder loslassen. Bewusst ein- und ausatmen. In der Theorie klingt es leichter, als es tatsächlich ist. Sie versucht zu analysieren, woher die Angst kommt. Es ist die Existenzangst – eine Urangst von ihr. Eine Angst aus ihrer Kindheit. Und dieser Virus hat diese Urangst, die Cordula komplett vergessen und verdrängt hatte, in ihr wieder ausgelöst. Cordula kann nun die Angst, dieses mächtige Gefühl wieder spüren, aber auch wieder gehen lassen. Nach etwa fünf intensiven Tagen ist es vorbei. Die Angst ist weg und statt ihr ein ganz vertrautes, warmes Gefühl. Obwohl sich im Außen nichts verändert hat, fühlt sie sich innerlich befreit.

Mein jüngeres Selbst!

Nur ganz kurz zu deiner Information: Hinter der Urangst sitzt das Urvertrauen.

Fühl dich umarmt, dein höheres Selbst!

Covid-19 legt nicht nur das Land lahm, sondern die ganze Welt! Cordula wehrt sich nicht mehr gegen diesen Stillstand, sie versucht die Zeit zu genießen, denn ihr ist klar, sobald wird so etwas nicht wiederkommen. Vielleicht ist das auch eine Chance. Wer weiß das schon. Natürlich stößt sie immer wieder an ihre Grenzen.

Denn sie ist nun gleichzeitig Lehrerin, Kindergartenpädagogin, Köchin, Putzfrau, Psychologin, Tennislehrerin, Musiklehrerin und Unternehmerin ohne Auftrag. Aber gleichzeitig verschieben sie auch ihre Grenzen. Mit jedem einzelnen Tag im Lockdown wird sie selbstbewusster, sie merkt einfach, dass sie so außergewöhnlich belastende Situationen und Phasen im Leben auch schaffen kann. Das gibt ihr Selbstvertrauen.

Mit der Zeit hat sie sogar Spaß daran. Sie wachsen als Familie noch mehr zusammen. Absolute highlights des Tages sind die Mahlzeiten. Cordula probiert komplett neue Rezepte aus, die Kinder und sie bestimmen schon am Sonntag, was die ganze Woche gekocht wird, damit Cordula nur einmal die Woche raus zum Einkaufen muss. Jeder hat einen Wunsch frei. Manchmal kochen sie auch gemeinsam. Vor allem Esther entdeckt die Liebe zum Kochen und zum Backen. Außerdem machen sie öfter gemeinsam Sport, zwar kein hoch intensives Intervalltraining, sondern Yoga per App nach audio-visuellen Anweisungen, am liebsten in der Morgensonne. Esther ist öfter mit dabei. Als Sportlerin vermisst sie die Trainingseinheiten, kann sich aber nicht wirklich motivieren, allein laufen zu gehen. Die Kinder springen zwar viel Trampolin, spielen im Garten Tennis, aber Esther braucht intensivere Sporteinheiten. Und eines Tages besucht auch Olivia die morgendliche Yogastunde.

Olivia ist mittlerweile in der Pubertät und entsprechend auch ihr Gemütszustand. Ihre Stimmung ist wie ein Pendel. Mal schlägt es in die positive Richtung aus und nur einen Atemzug später auch in das negative Extrem. Und das ohne Vorwarnung. Das kann sehr energieraubend sein. Sie erinnert Cordula sehr an ihre Teenagerzeit. Sie kann sehr lustig sein, aber im nächsten Augenblick furchtbar grantig. Und als die drei eines Morgens eine Yogaeinheit absolvieren und Olivia sich so darüber aufregt, welch unmögliche Übungen Cordula von ihr verlangt, dabei verlangt sie überhaupt nichts, ist es so, als ob sie ihr einen Spiegel vorhalten würde. Genauso war auch sie zu Ben. Sie machte ihn für ihre Überforderung und für ihre

Unzufriedenheit verantwortlich. Wenn sie mit den Kindern überfordert war, war sie ihm gegenüber unausstehlich, wenn er von der Arbeit nach Hause kam. Dafür konnte er nichts.

Jetzt kann sie Ben besser verstehen. Vor allem, wenn man selbst keine Energie mehr hat, schwächt die Wut des anderen enorm. Und Ben war anscheinend überfordert mit Job und den familiären Verpflichtungen, er hatte keine Energiereserven. Als Olivia sie so zornig anraunzt, obwohl sie gar nichts gemacht hat, sieht sie sich selbst. Das ist ein unangenehmer Moment, aber ein sehr erkenntnisreicher.

Seit Cordula erkannt hat, dass ihr Anteil am Scheitern der Ehe genauso groß ist wie der von Ben, hat sich die Beziehung zwischen den beiden auf eine angenehme Weise entspannt. Da die Ausgangsbeschränkungen wegen der Coronakrise noch immer aufrechterhalten werden, können die Kinder nach wie vor nicht zu ihm, und deshalb kommt er regelmäßig zu ihnen und kümmert sich in dieser Zeit um die Kinder. Cordula kocht zwar, aber ansonsten muss sie nichts tun, sie hat endlich Zeit, sich um Aufträge zu kümmern. Mittlerweile ist Ben sogar hilfsbereit und repariert einige Sachen im Haus. Er zeigt Engagement und Hilfsbereitschaft. Cordula war es von Anfang an wichtig, dass sie freundschaftlich miteinander umgehen, sie haben soviel gemeinsam erlebt, und sie hatten wahrlich schöne Zeiten. Selbstverständlich war es, als sie voller Schmerz war, sehr schwierig, einen kühlen Kopf zu bewahren, aber das macht sich jetzt bezahlt. Es ist schön, wenn er da ist, und die Kinder genießen es auch.

Mein jüngeres Selbst!

Diesmal gebe ich dir ein Zitat von Esragül Schönast mit auf den Weg:
»Vertraue auf die Fügung. Dass man manchmal gezwungen wird, einen neuen Weg einzuschlagen, erweist sich oft als das größte Glück, und man hätte es vermutlich nicht gewagt, diesen selbst zu gehen.«

Fühl dich umarmt, dein höheres Selbst!

Es ist Sommer, der erste Sommer, der für alle nicht normal abläuft, denn es gibt seit Corona keine Normalität mehr. Cordula und Ben dürfen nicht mal zu ihrem Segelboot, weil die Distanz zwischen Haus und Boot größer als fünfzehn Kilometer ist. Im Freibad müssen Cordula und die Kinder zu anderen Familien und Freunden Abstand halten, bei der Badekantine gibt es Markierungen, Absperrungen und Wegweiser, überall hängen Desinfektionsmittel, und die Badegäste tragen einen Mund-Nasen-Schutz. Es ist ein Sommer, der sich definitiv nicht nach Sommer anfühlt. Cordula hat nur zu ihren engsten Freunden Kontakt und zu Ben. Als sie endlich wieder zum Boot dürfen, wird die Empfehlung ausgesprochen, nur mit jener Person zu segeln, mit der man ohnehin in Kontakt steht. Also bleibt Ben nichts anderes übrig, als mit Cordula zu segeln.

Erstaunlicherweise freuen sich beide auf die gemeinsame Zeit auf dem Boot. Sie sind noch immer ein eingespieltes Team, Cordula die Vorschoterin, Ben der Kapitän. Die Kinder wollen manchmal gar nicht mit, sie verbringen lieber Zeit mit ihren Freunden im Freibad. Diese Zeit zu zweit fühlt sich plötzlich unbeschwert an. Beide haben keine Erwartungen – einfach nur segeln. Sie reden über Gott und die Welt, sie lachen, sie springen ins Wasser, das Zusammensein fühlt sich um vieles unkomplizierter an als früher. Sie essen auf dem Boot, trinken guten Wein und sprechen viel miteinander, auch über ihre Ehe.

»Ben, warum hast du mich tatsächlich verlassen?«, fragt Cordula, ohne vorwurfsvoll zu klingen.

»Ich konnte nicht mehr. Ich habe mich erdrückt gefühlt. Ich bekam in unserer Ehe keine Luft mehr. Ich musste gehen«, antwortet er ruhig.

»Aber du hast gesagt, dass du mich nicht mehr liebst.«

»Ja, das habe ich. Aber es stimmte nicht ganz. Ich musste es sagen, damit du dir keine Hoffnungen machst. Ich spürte die Liebe zwar nicht mehr, aber weil ich sie nicht mehr spüren konnte. Ich spürte nicht mal mich. Cordula, ich war am Ende«, sagt Ben traurig und schaute ihr dabei tief in die Augen.

Cordula spürt dabei seine inneren Kämpfe, die er geführt haben muss. »Aber, Ben, was hat dich so ausgepowert?« fragt sie nach einer kurzen Pause.

Ben atmet tief durch, schaut auf das Wasser und überlegt sich seine Worte. »Ach, Cordula, vieles. Ich weiß gar nicht, ob ich das so genau in Worte fassen kann. Ich liebe meinen Beruf. Dass ich gerne arbeite, ist ja für dich nichts Neues«, grinst er. »Ich habe dabei extrem stark das Bedürfnis, alles richtig und perfekt zu gestalten. Ich bin quasi ein Daueroptimierer, wenn du so willst. Und das braucht natürlich Zeit, ich kann nicht um acht Uhr in die Arbeit und um vier Uhr nachmittags nach Hause kommen. Das geht nicht. Ich bin eine Führungspersönlichkeit, ein Macher, ich möchte Visionen umsetzen, von denen die Bevölkerung langfristig profitiert, und das geht nicht, wenn ich nur acht Stunden am Tag für die Arbeit zur Verfügung habe. Und ich glaube, das hast du dir von mir erwartet. Aber ich muss Abendveranstaltungen besuchen, weil ich netzwerken muss, das ist essenziell in meinem Job. Außerdem sitze ich nicht selten sechs Stunden am Tag in Meetings, muss vieles planen und organisieren, Varianten durchdenken, Cordula du hast leider keine Ahnung, wie zeitintensiv mein Beruf ist. Ich möchte mich nicht beklagen, ich liebe es ja, aber ja, es bleibt halt wenig Zeit für Familie, von sozialen Kontakten außerhalb des Berufes ganz zu schweigen.«

»Ich verstehe dich, Ben, ehrlich, und ich habe mir nicht erwartet, dass du Tag für Tag um viertel nach vier Uhr nach Hause kommst. Das wäre ja ziemlich langweilig gewesen. Was sollten wir da jeden Tag machen, gemeinsam Nudeln einkaufen gehen?«, lacht sie. »Ich habe mir generell kein geregeltes Leben gewünscht, das mag ich nicht. Du kennst mich, Ben, niemand kennt mich so gut wie du. Ich liebe die Abwechslung, und Eintönigkeit halte ich nicht aus, da fehlt mir die Luft zum Atmen. Aber ich hätte mir schon gewünscht, dass wir unser Familienleben und unsere Karrieren aufeinander abstimmen, denn ich habe mich sehr oft sehr einsam und im Stich gelassen gefühlt. Auch mir ist meine Arbeit wichtig, auch ich habe Visionen, und auch die sind für die Bevölkerung langfristig ein Gewinn. Ich möchte nachhaltig bauen, ich möchte so wenig Ressourcen wie möglich verschwenden, und ich möchte unseren Kindern und Enkelkindern eine intakte Umwelt hinterlassen. Das treibt mich an. Ich habe oft zurückgesteckt, mich zurückgenommen. Eine Zeitlang ist das alles okay, aber irgendwann möchte man als Frau auch gesehen werden, nicht nur als Mutter und Familienmanagerin«, sagt sie dann etwas ernster.

»Ich weiß, Cordula, und da verstehe ich dich auch. Aber was sollte ich tun. Ich war oft um acht Uhr abends mit der Arbeit noch nicht fertig, bin aber nach Hause gefahren, weil ich mir dachte, sonst bist du sauer. Das war dann meistens schon zu spät, denn du warst bereits sauer. Ich war ständig unter Zugzwang, niemandem konnte ich es recht machen. Dir nicht, dem Arbeitgeber nicht und vor allem mir nicht. Mein Wunsch war auch Familie. Mir ist meine Familie total wichtig, das glaubst du wahrscheinlich jetzt nicht?«, er sieht sie fragend an.

»Doch, das glaube ich dir schon«, murmelt sie.

»Und nicht nur die Kinder sind mir wichtig, auch du bist und warst mir wichtig. Du bist der Mensch, Cordula, dem ich am meisten vertraue. Niemand kennt mich besser als du. Ich liebte die Gespräche mit dir bis spät in die Nacht, wir konnten uns gegenseitig helfen und Input geben. Ich schätze dich total, als Mensch, als Mutter, als Frau. Und ich schätze deine Meinung. Du hast ein gutes Herz und du bist eine anständige, ehrliche Frau. Du hast eine Leidenschaft für die Natur, für die Umwelt, dafür kämpfst du. Und du hast die Gabe, dass sich Menschen in deiner Nähe öffnen und dir die persönlichsten Dinge anvertrauen, du kannst Emotionen wecken, sogar in Visualisierungen, glaub mir, ich war sehr gerne mit dir verheiratet.«

Ben macht eine kurze Pause, und beide schweigen einen Moment.

»Aber ich habe auch gespürt, ich bin nicht der richtige Mann für dich. Ich kann dich nicht glücklich machen«, sagt er, noch bevor er ihr die Anweisung gibt, das Vorsegel einzuziehen, weil der Wind plötzlich stärker wird.

Cordula zieht das Vorsegel ein und fixiert die Leine. Dann antwortet sie: »Weißt du, Ben, niemand kann den anderen glücklich machen, das ist ein Trugschluss. Jeder ist für sein Glück, für seine Zufriedenheit selbst verantwortlich. Ich habe das auch erst mit der Trennung so richtig begriffen. Ich habe dich lange für mein Glück verantwortlich gemacht, das war ein großer Fehler, und das tut mir im Nachhinein leid«, sagt Cordula während sie ihn ansieht.

»Wir sind beide schuld an der Trennung«, kommt von Ben zurück.

»Schuld hat niemand«, kontert Cordula. »Schuld ist ein blödes Wort, wir haben beide nicht mit Absicht böse gehandelt, im Gegenteil, wir wollten das Beste für uns und für die Familie.«

»Du hast vollkommen recht«, sagt Ben.

»Womit ich zu kämpfen hatte, war gar nicht dein Arbeitsdrang, es war eher mein Verzicht, den ich dadurch in Kauf nehmen musste. Ich hätte auch gerne mehr gearbeitet, konnte der Kinder wegen aber nicht. Von dir ist nicht wirklich Hilfe gekommen, was ich aus deiner Sicht auch verstehen kann. Aber ich finde es falsch, wenn ein Partner in der Beziehung, in unserem Fall ich, seine Karriere aufgeben muss, damit der andere Partner, in unserem Fall du, Karriere machen kannst. Das ist nicht fair. Niemand sollte verzichten müssen. Unbewusst gibt man dem anderen die Schuld für seine Entbehrungen. Das ist Gift für die Beziehung. Kannst du mich verstehen?«, fragt sie Ben.

»Natürlich, ich verstehe dich sehr gut, Cordula, jedes einzelne Wort. Das ist nicht fair, du hast recht, aber auch ich wollte nicht auf meine Karriere verzichten, damit du deine machen kannst. Und zwei Karrieren mit drei Kindern, das geht einfach nicht«, kontert Ben geschickt.

»Aber ich wollte keine Karriere in dem Sinn, wie du sie machst. Ich wollte nie fünfzig, sechzig Stunden in der Woche arbeiten. Ich wollte einfach das Gefühl haben, dass ich es machen könnte, wenn ich es wollte. Verstehst du? Das Gefühl von Eigenständigkeit und Freiheit.«

»Auch das kann ich verstehen, weil ich umgekehrt auch das Gefühl von Freiheit vermisst habe, obwohl ich arbeiten gehen durfte«, sagt er etwas zynisch. »Aber ich habe mich eingesperrt gefühlt. Wenn ein spontaner Abendtermin reingekommen ist, musste ich überlegen, kann ich den wahrnehmen oder nicht.

Ich habe meistens abgesagt, weil ich gewusst habe, dass du am Limit bist mit den bereits abgesprochenen Terminen. Dabei wäre ich des öfteren gerne spontan ausgegangen. Und dann bin ich mit einer Wut im Bauch nach Hause gekommen, dafür konntest du nichts, Cordula, das weiß ich auch, aber wenn du mir mehr das Gefühl der Freiheit gegeben hättest, wäre ich viel lieber zu dir nach Hause gekommen. Das klingt paradox, aber Männer sind da einfach gestrickt, die brauchen oft nur das Gefühl der Freiheit, gar nicht die Freiheit an sich«, sagt er und ist sich dabei gar nicht sicher, ob Cordula ihn versteht.

»Aha, so ist es also mit euch Männern«, sagt sie und verdreht dabei leicht die Augen.

Ben denkt kurz nach und spricht in einem ernsten und ruhigen Tonfall weiter: »Ich wusste schon vorher, dass es mit drei Kindern extrem schwierig und zeitaufwendig wird. Deshalb war ich auch gegen ein drittes Kind. Und ich war dann, ehrlich gestanden, sehr erstaunt, als du schwanger warst. Erstaunt ist höflich ausgedrückt. Ich war wütend auf dich, dass du das alleine entschieden hast.«

»Aber Ben!« versucht sie ihn zu unterbrechen.

»Bitte lass mich ausreden, Cordula. Ich weiß mittlerweile, dass die Schwangerschaft passiert ist. Es war Schicksal, und ich bin dem Schicksal für Louis extrem dankbar. Er ist ein so wundervolles Kind, und er macht unsere Familie komplett. Ich möchte ihn nicht missen, keine Sekunde. Ich liebe ihn, ich liebe Esther, und ich liebe Olivia. Ich liebe unsere Familie aus tiefstem Herzen«, sagt er mit etwas brüchiger Stimme.

»Ich weiß, Ben. Daran habe ich nie gezweifelt«, sagt Cordula mit ruhiger Stimme.

»Aber wir haben eine komplett andere Auffassung, was Familie bedeutet. Ich habe dir das schon öfter gesagt, ich muss nicht Tag und Nacht mit der Familie zusammen sein, das ist für mich nicht ein Zeichen von Liebe. Ich denke oft an euch, tagsüber, und ich fühle mich mit euch verbunden. Ich bin treu und loyal. Aber ich muss auch Erfahrungen alleine machen. Worüber sollen wir reden, wenn wir alles gemeinsam erleben? Wir müssen uns ja austauschen können. Irgendwann wurde die ganze Last zu groß. Dein Druck, der Druck vom Arbeitgeber und der Druck, den ich mir sowieso selbst auferlege. Und da ist das Gerüst eingestürzt. Zuerst glaubte ich, dass mir die Kündigung Erleichterung bringen würde, dann die Auszeit. Ich habe, ehrlich gestanden, die Auszeit sehr genossen. Endlich ging es nur um mich, nicht um die Arbeit, nicht um dich, nicht um die Kinder, nicht um Termine, nur um mich. Gegen Ende habe ich euch vermisst, aber ich habe es genossen. Und nach der Rückkehr habe ich schnell gemerkt, dass ich so nicht mehr leben kann und auch nicht mehr leben will. So macht es einfach keine Freude. Du hast dich nach mehr Leichtigkeit gesehnt, aber mir immer mehr Last umgehängt. Du warst unzufrieden, das spürte ich intensiv. Hausfrau und Mutterdasein waren dir zu wenig. Dafür habe ich vollstes Verständnis, verstehe mich bitte nicht falsch. Aber was konnte ich daran ändern? Du hast immer mehr gefordert und deshalb, Cordula, deshalb bin ich gegangen. Nicht weil eine andere Frau im Spiel war und nicht weil ich dich nicht mehr liebte.«

Sie sehen sich beide einige Augenblicke tief in die Augen, die bei beiden mit Tränen gefüllt sind. Cordula wendet ihren Blick ab in Richtung Wasser und muss die Worte von Ben erstmal sacken lassen.

Nach einiger Zeit antwortet sie ihm sehr ruhig: »Wenn ich deine Worte höre, Ben, verstehe ich dich nur zu gut. Ich war unzufrieden, und ich war fordernd. Das stimmt. Ich habe ein Leben im Haben-Modus geführt, nicht im Sein. Das war ein Fehler von mir, der mir nicht bewusst war. Ich dachte, wenn ich einen Mann habe, wenn ich Kinder habe, wenn ich ein Haus habe, dann, aber erst dann bin ich glücklich. Ich hatte einen tollen Mann, habe wunderbare Kinder, ein cooles Haus – und erst jetzt kann ich das alles schätzen. Ich war getrieben, wollte immer mehr. Dabei wäre es so einfach. Ich habe in der Trennungsphase das Buch ‚Gespräche mit Gott' von Neal Donald Walsh gelesen, da habe ich es plötzlich verstanden. Er schreibt: »Es gibt nichts, was ich haben muss, nichts, was ich tun muss und nichts, was ich sein muss, außer genau das, was ich in diesem Moment bin.«[13] Das bedeutet nicht, dass Haben und Tun aus unserem Leben verschwinden soll, sondern dass wir zuerst sind und dann tun und dann haben. Die Reihenfolge ist eine andere. Nicht so wie früher: Ich arbeite, dann habe ich Geld und dann bin ich glücklich. Wenn ich aus dem Glücklichsein komme, sprich, wenn ich glücklich bin, mache ich Dinge, weil ich glücklich bin, und nicht wie früher: Ich tat Dinge, in der Hoffnung, dass sie mich glücklich machen.«

»Das klingt schön«, sagt Ben kurz.

»Ja, das ist auch schön, aber ich habe es lange nicht verstanden. Ich konnte mich nicht fallen lassen als Mutter, ich dachte ich muss doch was leisten, sonst kann ich ja nicht genießen. So ein alter Glaubenssatz, der mir als Kind eingepflanzt wurde: Zuerst die Arbeit, dann das Vergnügen. Bullshit, echt!« ruft sie verärgert aus. »Aber ja, ich wollte auch arbeiten. Ich bin Architektin mit Leib und Seele. Ich liebe die Unabhängigkeit und Selbständigkeit mit all ihren Herausforderungen. Und ich wusste natürlich, dass ich nicht zu lange weg sein darf, sonst fallen die Kunden weg. Und man braucht ewig, bis man sich ein Netzwerk aufgebaut hat. Das wollte ich nicht verlieren. Aber ich habe keine Balance gefunden. Wenn ich arbeitete, und die Kinder fremd betreut waren, hatte ich ein schlechtes Gewissen, wenn ich bei den Kindern war, fühlte ich mich teilweise getrieben. Ich war nicht präsent, nicht im Augenblick, nicht im

Hier und Jetzt. Vielleicht musste das alles passieren, dass ich es raffe. Dass ich begreife, worauf es wirklich ankommt im Leben. Ich wollte dich nicht bremsen, Ben, das musst du mir glauben. Eigentlich wollte ich ein unkompliziertes Leben. Das ist dann gehörig daneben gegangen«, sagt sie lachend.

»Kann man wohl sagen«, erwidert Ben lächelnd.

»Aber ich habe es nicht besser gewusst, ich hatte kein Vorbild, ich kenne nicht viele Ehen, die glücklich sind, in der beide sich verwirklichen können, und ich wollte das Glück unbedingt erzwingen. Auch nicht der richtige Weg.«

Wieder schweigen sie eine Zeit lang.

Dann sagt Ben: »Aber schön, dass wir das jetzt endlich ausgesprochen haben. Ich kann dich verstehen, ich würde es nur zu Hause auch nicht aushalten, das weißt du. Und umgekehrt habe ich es von dir – naja, ich möchte nicht sagen verlangt – aber erwartet. Ja, ich habe erwartet, dass du als Frau in der Mutterrolle komplett aufgehst. Und dass du es genießt für die Kinder und für mich dazusein. Retrospektiv vielleicht eine zu romantische Vorstellung, oder?«, fragt er Cordula.

»Ja, wahrscheinlich schon. Denn ich bin halt mehr als nur Mutter und Ehefrau. Unternehmerin, wie schon gesagt, Freundin, aber auch Frau. Eine Frau, die auch Bedürfnisse hat. Du hast mich immer als die starke Frau gesehen, die alles checkt, die Kinder versorgt, den Haushalt, die sozialen Kontakte pflegt, Freizeitaktivitäten der Kinder, Schulveranstaltungen, Kindergartenfeste. Alles alleine zu machen, ist wenig amüsant, das kann ich dir sagen. Wenn das Fass voll war, habe ich dich mit wütenden Vorwürfen bombardiert. Auch nicht gerade gescheit. Aber du wolltest die schwache Frau, die anlehnungsbedürftig ist, die ebenso in mir ist, nicht sehen.«

»Doch, doch. Glaube mir, ich sehe dich als Frau. Aber du hast damit recht, dass ich vielleicht zu viel verlangt habe und zu wenig gegeben. Aber das Ungleichgewicht konnte ich nie mehr ausgleichen. Vielleicht auch mit ein Grund, dass ich damit gar nicht richtig angefangen habe.« Ben schüttelt jetzt den Kopf. »Aber ja, wir hatten keine Vorbilder. In Wirklichkeit hätten wir mehr reden müssen, über unsere Erwartungen.«

Cordula fällt Ben ins Wort: »Das haben wir ja!«

»Madame lässt mich wieder nicht aussprechen. Ich war noch nicht fertig. Ohne kochende Emotionen wollte ich noch sagen. Wir hätten reden sollen, bevor das Fass überzulaufen droht.«

»Ah ja, da hat Monsieur recht«, sagt sie kokett.

»Man muss schon sagen, dass bei uns immer wirklich viel los war«, sagt Ben. »Von Anfang an hatten wir ein enorm hohes Tempo. Die Hochzeit relativ schnell, dann Olivia, dann Haus planen, dann Esther, dann Haus bauen, dann mein Jobwechsel, neue Aufgaben und jede Menge Herausforderungen. Dann, als endlich Ruhe eingekehrt ist, wurdest du schwanger, und dann hat alles von vorne begonnen. Rückblickend war es wahrscheinlich gut, denn du hast dich mit der Schwangerschaft verändert, positiv verändert. Du hast nun eine Aura, eine Ausstrahlung, eine ganz besondere Kraft in dir. Irgendwie habe ich das Gefühl, jetzt kann dich nichts mehr umhauen.«

Cordula erwidert lachend: »Verschreien wir es nicht. Sonst schickt uns das Leben die nächste Mammutaufgabe. Aber ja, du hast recht, ich hatte einiges aufzuarbeiten. Ich habe lange meine Bedürfnisse hinten angestellt und habe mich damit auch ein Stück weit verloren. Ich musste mich meinen Ängsten stellen, die mich viel zu lange blockiert haben, und ich musste meine Kraft und mein Glück in mir finden. Vor allem aber die Liebe in mir, damit ich sie auch geben kann. Ich fühle mich tatsächlich stark, aber ja, manchmal auch schwach. Und das Schöne ist, ich kann nun die Schwäche zulassen. Also, alles in allem, Ben, war alles für was gut.«

Beide schauen sich an und Ben fragt: »Vorschoterin, klar zur Wende?«

»Ist klar!«, sagt Cordula im strengem Ton.

»Ree!«, ruft Ben.

Damit signalisiert er, dass er mit der Wende beginnt. Das Boot dreht sich, und Ben sagt: »Wir drehen um, die Sonne geht bald unter.«

Cordula öffnet das Vorsegel und legt die Leine in die entsprechende Halterung. Eine Zeit lang segeln sie, ohne ein Wort zu sagen.

»Das war ein richtig schönes Gespräch, Cordula. Ich hab dich lieb, das sollst du noch wissen.«

»Ich dich auch, Ben.«

Ben lässt kurz die Pinne los, beugt sich zu Cordula und gibt ihr einen Kuss auf die Wange. Cordula drückt ihn näher an sich. Sie segeln, ohne ein weiteres Wort zu sagen, bei Sonnenuntergang zurück zum Hafen.

Mit Schulanfang beginnt für beide ein neues Leben. Cordula startet trotz Corona mit viel Engagement und Herzblut ihre Selbständigkeit, die sie schon immer machen wollte und nie gewagt hat. Ben hat eine neue Arbeitsstätte, neue Wohnung, neues Umfeld. Und obwohl Bens neuer Job zeitintensiv ist, kommt er ziemlich oft nach Hause zu seiner Familie. In regelmäßigen, knappen Abständen kommt er vorbei, in der Hoffnung, noch etwas vom Abendessen abzubekommen, die Kinder zu sehen und ein bisschen mit Cordula zu plaudern. Die Kinder sind jedes zweite Wochenende bei ihm in Wien. Er kümmert sich seit der Trennung sehr liebevoll um sie, intensiver als in den Jahren davor. Sie lieben ihn und freuen sich auf das Wochenende mit ihm und umgekehrt.

Cordula genießt diese Auszeit von den Kindern ebenfalls sehr. Sie hat wieder wunderbar in ihr Leben gefunden. Ihr geht es sehr gut. Die Arbeit bereitet ihr große Freude, sie hat bereits drei Angestellte, zwei technische Zeichner und eine Sekretärin, die eine wahre Perle ist. Da die Aufträge sukzessive mehr werden, wird sie ihr Team bald aufstocken müssen. Sie entwirft gerade ihr absolutes Herzensprojekt, ein grünes Einkaufszentrum, nachhaltig gebaut im Goldenen Schnitt, soll es sich unauffällig in die Natur einfügen. Eine große Photovoltaikanlage auf dem Dach der Parkplätze, wo komprimierter Kies anstatt Beton oder Asphalt zum Einsatz kommt, erzeugt genug Strom für das Einkaufszentrum und die dazugehörigen Elektrotankstellen. Die Gärten am Dach sorgen für die Kühlung im Sommer, die begrünte Fassade für ein angenehmes Raumklima. Es werden hauptsächlich nachwachsende Rohstoffe wie Holz, Hanf, Naturstein verwendet. Es sollen nur nachhaltig agierende Shops Einzug finden. Kleine Handwerksbetriebe, Lebensmittelgeschäfte ohne Verpackungsmaterial, Restaurants, die Bio-Fleisch aus der Region anbieten, vegane Restaurants, eine Vinothek, die nur nachhaltig produzierte Weine anbietet, und bei den Bekleidungsgeschäften wird natürlich auch auf den ökologischen Fußabdruck geachtet. Cordula arbeitet jede freie Minute daran, Nachhaltigkeit und Klimaschutz sind ihr extrem wichtig.

7

DER GOLDENE EINSCHNITT

Mein jüngeres Selbst!

Ich glaube, du hast es jetzt verstanden. Jetzt vertraust du mir und somit dir, denn ich bin deine innere Stimme, deine Intuition. Du hast lange versucht, mit dem Verstand alles zu lösen und hinzubiegen, aber wenn Angst, Wut und Zweifel mitschwingen, dann ist das nicht der richtige Weg. Ich weiß, oft hast du mich nicht gehört, weil es in deinem Leben so richtig laut wurde, manchmal wolltest du mich auch nicht hören. Dann war ich richtig beleidigt und habe mich eine Zeitlang nicht gemeldet. Am besten aber hörst du mich in der Natur, in der Stille. Ich bin dein bester Ratgeber in allen Lebenslagen und immer für dich da. Zum Schluss gebe ich dir nur noch ein Zitat mit auf den Weg, es ist von Joseph Campbell:
»Wir müssen bereit sein, uns von dem Leben zu lösen, das wir geplant haben, damit wir das Leben finden, das auf uns wartet.«
Und du weißt, es wartet nur das Allerbeste auf dich!

Fühl dich umarmt, dein höheres Selbst!

Ein wunderschöner Herbsttag, angenehm warme Temperatur, leichter Wind. Cordula nimmt die Vorsegelpersenning ab, legt sie vorsichtig zusammen und verstaut sie unter der Sitzbank, spannt die Leinen für das Vorsegel in die Rollfock, bereitet das Großsegel vor. Dann sperrt sie die Klappe zur Kajüte auf, legt die Sitzpölster auf die Sitzbank und legt chillige Musik auf, hängt die kleine Lautsprecherbox an einen Haken. Heute ist perfektes Segelwetter. Sie holt die Fender an Bord und ist bereit für ihren ersten Solo-Segeltörn. Sie testet kurz den Motor, sieht nach, ob alle Anzeigen funktionieren, bindet die Leinen vom Steg. Heute hat sie keinen Termin mehr, Ben holt in einer halben Stunde die Kinder von zu Hause ab, und sie verbringen das Wochenende bei ihm in Wien.

Cordula hat das ganze Wochenende frei und keine Pläne. Die Kühlbox ist aufgefüllt mit Mineralwasser und kleinen Snacks. Frischer Filterkaffee ist auch noch da, und irgendwo sollte auch noch Hafermilch sein. Frische Kleidung und gute Bücher sind immer an Bord. Wenn sie will und das Wetter passt, kann sie das ganze Wochenende auf dem Boot verbringen. Das hat sie viel zu selten im Sommer gemacht. Sie hat Respekt davor. Sie hat den Segelschein schon vor Jahren gemacht, aber wenn sie mit Ben gesegelt ist, war er der Kapitän und sie für das Vorsegel und die Verpflegung verantwortlich.

Heute weht der Wind schwach, es sind wenige Boote auf dem See, weil der Sommer schon lange zu Ende ist. Sie bindet die letzte Leine, die das Boot noch am Steg hält, los und gibt dem Segelboot einen Stoß. Cordula lenkt es vorsichtig durch die Hafenanlage, vorbei an den vielen anderen Booten, die teilweise schon winterfest gemacht sind, weiter auf dem Seekanal in Richtung See. Nachdem sie die Bucht hinter sich gelassen hat, weht der Wind kräftiger, ihre Anspannung steigt, sie dreht den Motor ab und zieht das orangefarbene Vorsegel auf, segelt sicherheitshalber nur mit dem Vorsegel, damit sie nicht zu schnell wird.

Sie ist konzentriert, dadurch fühlt sie auch die Aufregung nicht mehr, und sie beginnt ihren Ausflug, ihr kleines persönliches Abenteuer, zu genießen. Nach einiger Zeit wird sie mutiger und zieht auch das Großsegel hoch und fährt eine Zeitlang nur geradeaus, danach wagt sie auch Wenden und Halsen und fühlt sich unglaublich frei.

Das Wetter ist herrlich warm, und sie beschließt zu einer einsamen Schilfinsel zu fahren und ins kalte Wasser zu springen. Sie zieht das Vorsegel ein, das Großsegel runter und wirft den Anker aus. Sie springt ins schon sehr frische Wasser. Einfach herrlich! Weit und breit ist kein anderes Boot zu sehen. Sie genießt die Zeit allein. Sie hört Musik, kocht sich heißen Tee, liest ein paar Seiten in einem spannenden Roman und schaut einfach nur übers Wasser. Das ist so beruhigend. Langsam geht die Sonne unter, und sie sollte zurück zum Hafen segeln.

Doch hier draußen ist es so wunderbar schön. Sie überlegt, ob sie nicht hier auf dem Boot übernachten sollte. Sie hat zwar schon öfter auf dem Boot geschlafen, aber immer in der Hafenanlage und nie draußen auf dem See. Sie weiß gar nicht, ob das erlaubt ist. Warum nicht. Die Windverhältnisse ändern sich laut Wind-App bis nächste Woche nicht mehr. Die Batterie ist vollgeladen. Die Bootsbeleuchtung funktioniert. Sie schaut noch kurz auf ihr Handy, ob eine Nachricht von Olivia oder Esther eingelangt ist. Keine Nachricht.

Sie schreibt kurz an Ben: »Alles okay bei euch?«

Er antwortet gleich: »Alles okay. Bin mit den Mädchen und Louis im Kino. Ihnen gefällt der Film, mir nicht. Hoffe, du bist bei diesem starken Wind noch nicht gekentert :-)«

Scherzkeks. Ben macht sich lustig über Cordulas ersten Solo-Segeltörn bei einer wirklich schwachen Brise. Die Windstärke beträgt nur zwei Beaufort, mit Spitzen bis zu drei Beaufort. Cordula lächelt und dreht das Handy auf Flugmodus. Sie möchte nicht mehr gestört werden.

Den Sonnenuntergang auf dem See zu erleben, ist etwas Besonderes. Sie ist ganz allein hier. Nach Sonnenuntergang kommen zwar noch ein paar Stechmücken, aber sie zieht sich in die Kajüte zurück, bis die kleinen Biester wieder verschwunden sind. Sie legt sich in das Schlafabteil unter dem Bug, öffnet das Guckloch, sichert es mit einem Insektengitter und schaut in den Sternenhimmel. In der Nacht kühlt es, untypisch für die Jahreszeit, nicht stark ab, sodass sie später an Deck geht, sich einen Pulli überzieht, eingehüllt in eine warme Wolldecke, in den Schlafsack kriecht und im Freien schläft.

Cordula schläft so tief und fest und so wohlig wie seit Jahren nicht mehr. Noch vor Sonnenaufgang wird sie von lautem Vogelgezwitscher geweckt. Sie steht auf, streckt sich und schaut auf das Wasser, das ganz ruhig und klar ist. Kein Wellengang. Es ist eine wunderbare Stimmung, daran könnte man sich echt gewöhnen. Sie kocht sich frischen Kaffee und setzt sich an den Bug des Schiffes, eingewickelt in die Decke, und betrachtet den Sonnenaufgang.

Schöner könnte das Leben nicht sein. Sie würde mit nichts und niemandem tauschen wollen. Cordula durchströmt ein intensives Gefühl der Dankbarkeit, sie könnte vor Glückseligkeit weinen. Sie ist so dankbar auch für die schwierigen Momente, für jede dunkle Stunde – jeder einzelne Tag war es wert. Sie könnte die Welt umarmen, schreien vor Glück, aber gleichzeitig empfindet sie einen tiefen Frieden, eine intensive Zufriedenheit. Es fühlt sich an, als ob sie fliegt und gleichzeitig geerdet ist. Danke Gott, danke Universum – danke, für dieses Leben!

Danksagung

Ich danke jenen Menschen, die mich inspiriert und unterstützt haben, dieses Buch zu schreiben. Danke an meine Lektorin Ulrike Buergel-Goodwin. Ich danke meinem langjährigen Freund Richy für das Layout und sein enormes Wissen und die Bereitschaft, es mit mir zu teilen. Er ist ein Kritiker durch und durch, und wenn er nichts auszusetzen hat, ist das das größtmögliche Lob. Meinen besten Freundinnen aus Kindheitstagen Silvia und Sybille danke ich für eine Freundschaft über vier Jahrzehnte. Ihr bedeutet mir sehr viel, ohne euch wäre mein Leben nur halb so schön. Sissy, danke für deine Freundschaft und das Aufheitern in schwierigen Zeiten. Ich liebe deinen Humor! Ich danke meiner Seelenverwandten Tamara für die stundenlangen tiefsinnigen, ehrlichen, stärkenden Gespräche und fürs gemeinsame Träumen und kreieren von Visionen. Ich bin sehr dankbar, dass wir uns gefunden haben. Liebe Judith, danke für deinen Input und dass du mich motiviert hast, das Buch umzuschreiben. Meine lieben Kutschera-Freunde, danke für die Inspiration, den Zusammenhalt und die Unterstützung. Liebe Gundl, ich danke dir von Herzen für dein Vorwort, deine Arbeit und dein Sein. Ich danke meinen Eltern und meinen beiden Schwestern für den familiären Zusammenhalt. Ich danke dir Clemens für so vieles, am meisten, dass du mein bester Freund bist und immer hinter mir stehst. Großer Dank gilt meinen drei Helden: Oskar, Arthur, Leopold – ihr seid alles für mich. Ihr seid mein Spiegel, ihr zeigt mir meine Grenzen auf und bringt mich zum Staunen. Wegen euch versuche ich die beste Version von mir selbst zu sein – Tag für Tag.

Zum Schluss danke ich dir liebe Leserin oder Leser. Danke, dass du dieses Buch bis hierher gelesen hast. Solltest du aktuell in einer Krise stecken, ich kann dir nur soviel sagen, jede

Krise geht vorbei. Eine Krise ist nicht das Ende, sie ist auch nicht nur negativ, eine Krise bedeutet Veränderung, Wendepunkt, Einschnitt. Und mit jeder Veränderung kommst du ein Stück näher zu dir selbst, zu deinem wahren Kern. Dieser Kern ist unerschütterlich. Ich stell mir diesen Kern als Sonne in meinem Bauch vor, die strahlt immer. Manchmal ist sie überdeckt von Nebeldecken oder dichten Wolken, in Form von Zweifeln oder Ängsten. Aber die Sonne ist immer da. Und irgendwann löst sich der zäheste Nebel auf, und die Sonne kommt wieder durch. Jede Krise ist auch eine Chance und es liegt an dir diese Chance zu nutzen. Mach diesen Einschnitt golden, ziehe die Lehren daraus, nimm den damit verbundenen Schmerz an und verwandle ihn in eine besondere Kraft, in eine besondere Stärke, die du ohne diesen Einschnitt nicht hättest.

Wenn du dabei Unterstützung brauchst, kannst du mich via www.dergoldeneeinschnitt.at kontaktieren, Informationen über meine Coachingmethoden einholen und Coachingtermine buchen.

Literatur

(1) Löhndorf, Andrea: Kintsugi – Die Kunst, schwierige Zeiten in Gold zu verwandeln. Scorpio 2020

(2) Wollschläger, Fabian: 7 Geistige Gesetze. Independently published 2019

(3) Walsch, Neale Donald: Gespräche mit Gott – Vollständige Ausgabe. Arkana 2009

(4) Shetty, Jay: Das Think Like a Monk-Prinzip. Rowohlt Polaris 2020

(5) Poggemann, Malin: Die 5 Phasen der Trauer (nach Kübler-Ross), unter www.lernen.net

(6) Amend, Lars: Where is the Love?: Wie ich mich auf die Suche nach Liebe machte. Kailash 2021